AF236455

Silke Lüttmann

Krebs sei dank

Wie ich durch

den Krebs

über mich hinaus wuchs

Danke an

Margarete, Walter und Rainer

Hansi, Tina und Geli

© 2020 Lüttmann, Silke
Herstellung und Verlag: BoD – Books on Demand,
Norderstedt
ISBN: 9783751997096

Vorwort

Statistisch gesehen erkrankt jeder zweite Bundesbürger an Krebs, ich hatte dieses Los auch gezogen. Seit vielen Jahren nahm ich das Leben schon eher humorvoll und mich nicht so ernst. Dennoch war es ein Schlag, von dem ich dachte, dass er für mich das Ende bedeuten würde, ich befand aber, nachdem die Angst und Wut verraucht waren, dass ich mich nicht kampflos dem Krebs ergeben wollte und so begann eine interessante Zeit, in der ich sehr viel über mich lernte.

Heute, nach 9 Jahren mit dem Krebs, bin ich diesem dankbar, da ich es für mich als Chance angenommen habe, mich weiterzuentwickeln auf eine Weise, die mir ohne den Krebs nicht möglich gewesen wäre. Der Krebs hat mich befreit und wieder zu dem Menschen werden lassen, der ich an sich immer war.

Ich erlebte eine aufregende Zeit, lernte sehr großartige und starke Menschen kennen, wuchs enger mit meinen ausgewählten Freunden zusammen und erreichte eine Leichtigkeit des Lebens, die ich mir seither bewahre. Mein Glück hängt nicht von materiellen Dingen ab, auch nicht von Karriere oder Anerkennung, ich bin glücklich, wenn es den Menschen um mich herum gut geht, ich etwas sinnvolles tun kann und im Einklang mit der Natur stehe, also die einfachen Dinge, die für mich aber sehr kostbar sind.

Natürlich arbeite ich für meinen Lebensunterhalt, habe die ganz normalen Probleme, wie jeder andere auch, aber ich ziehe aus allem etwas Positives.

Dieses Büchlein ist kein Ratgeber, nur ein Bericht, wie ich den Spieß umgedreht habe und mich nicht von dem Krebs unterkriegen ließ, sondern ihm seine guten Seiten abgerungen habe. Tja, wer hat damit wohl gewonnen? Ich denke, das bin ich, da ich jetzt mit mir im Reinen bin.

Bämm!

Der Wecker klingelte und dieser Tag begann wie jeder andere normale Tag auch. Ich stand auf, schaute aus dem Fenster und freute mich. Der Himmel war klar und es schien ein wunderbarer Herbsttag bevorzustehen. Mit dieser guten Laune suchte ich mir meine Kleidung zusammen und lief ins Bad. Unter der Dusche ging ich im Geiste meine Planung für den Tag nochmal durch, überlegte, was es zu essen geben könnte und machte mich im Anschluss startklar für den Tag.

Mein Partner trank bereits seinen ersten Kaffee als ich im Bademantel die Küche betrat. Wie üblich umarmten wir uns und gaben uns einen Kuss am Morgen. Der Kaffee lief durch und während ich den herrlichen Duft des Aromas einatmete, tauschten wir ein paar Worte. Ich setzte mich zu ihm an den Tisch und wir planten den Tagesablauf. Alles war wie immer… Während wir sprachen, zog ich meinen Bademantel enger zu und berührte dabei meine rechte Brust. Es war wie ein Schlag…

Plötzlich war alles um mich herum wie in Watte verpackt, ich konnte nichts mehr wahrnehmen, Hubert sprach, doch ich
6

konnte ihn nicht mehr hören. Mir wurde heiß und kalt, Schweiß stand mir auf der Stirn und ich fühlte mich wie in einem Traum. Hubert starrte mich nun an, fragte, was los sei und ich sagte „da ist etwas… das gehört da nicht hin…". Als ich die Worte aussprach, brach Hubert förmlich zusammen. Dies gab mir die Kraft, die Angst, die mich erstarren hatte lassen, abzuschütteln und wieder klare Gedanken zu fassen. „Ich muss zum Arzt" sagte ich, „es wird sicher nicht so schlimm sein". Und um ihn zu beruhigen lächelte ich. Mittlerweile hatte Hubert sich vor mir auf die Knie gehockt, er weinte und ich streichelte sein Haar. Sein Kopf lag in meinem Schoß und mir fiel zum ersten Mal auf, wie grau er doch geworden war. Ich liebte ihn doch und das konnte alles gar nicht wahr sein. Bestimmt ist es nur ein Traum, aus dem ich erwachen würde. Nein, ich war wach und es war kein Traum. Ich schickte also Hubert ins Büro, zog mich an, mit weichen Knien und diesem Gefühl der Leere in meinem Körper. Mein Handeln war fast schon mechanisch, wobei ich mir hartnäckig einredete, dass alles wieder gut werde und sicher nicht so schlimm sei.

Wie ich ins Auto kam, kann ich gar nicht mehr sagen, aber ich kam dennoch bei meinem Gynäkologen an und erklärte, was los sei, worauf ich ohne warten zu müssen reingehen konnte und ein Ultraschall gemacht wurde. Mein Arzt schaute ernst auf den Monitor. Mit aufgesetzter Fröhlichkeit fragte ich, was es denn sei, worauf er sagte, er wisse es nicht genau, er wolle mir eine Überweisung für die Radiologie mitgeben, damit eine Mammographie durchgeführt werde. Die nette Arzthelferin rief im Krankenhaus an und gab Bescheid, ich käme gleich vorbei. Also wieder ins Auto und ab zum Krankenhaus. Dort empfing mich ein netter Arzt in meinem Alter. Die Mammographie war nicht weiter schlimm, als Frau kennt man das ja. Schlimmer war das Warten auf den Befund… Doch der Arzt konnte auch hier nicht viel erkennen und daher wolle er noch eine Stanzbiopsie machen. Mir wurde erklärt, was das sei und wir lachten. Das Lachen verging mir jedoch als ich die Nadel sah… Also mal ehrlich, diese Nadel war gefühlt 2m lang. Da ich aber hart im Nehmen bin, ließ ich die Prozedur über mich ergehen und versuchte fröhlichen Optimismus an den Tag zu legen. Diese Taktik behielt ich bis zum Tag des Ergebnisses bei, es war ein Donnerstag und das Ergebnis sollte am Dienstag darauf da sein.

Bis Dienstag war es noch lange hin, also machte ich mich auf den Weg und legte Normalität an den Tag. Normalität... nun ja, ich war an sich niemals richtig normal, ich lache zu laut, denke zu positiv, reagiere oftmals impulsiv und habe viele Dummheiten im Kopf.

Kaffee, danach war mir nun und ich fuhr statt zu Hubert ins Büro erstmal zu meiner Freundin Thea, sie wohnte quasi auf dem Weg und ich rauschte bei ihr vor. Ich setzte ein fröhliches Gesicht auf und klingelte, sie öffnete mir strahlend wie immer die Tür, während die beiden Hunde bellten und beim Eintreten um mich herumsprangen. Wir begrüßten wie üblich, redeten kurz über dieses und jenes und dann fragte Thea, was mit mir los sei. Wir waren sehr eng befreundet und wussten immer, wenn etwas im Busch war. Ich sah sie an und erzählte ihr, was am Morgen los gewesen war und, dass ich Angst hätte. Thea war geschockt. Aber Thea wäre nicht Thea gewesen, wenn sie nicht umgehend wieder positive Gedanken in den Raum stellte und auch direkt mitteilte, dass sie mir zur Seite stünde, sofern es etwas Schlimmes sei. Das beruhigte mich ein wenig und ich gab alles, um sie davon zu überzeugen, dass schon nichts sei und wir am Dienstag sicher ziemlich lachen müssten über dieses gerade stattfindende Gespräch.

Nachdem ich meine Fröhlichkeit nun wiedergefunden hatte, verabschiedete ich mich und fuhr mit etwas Verspätung zu Hubert ins Büro, um meiner Arbeit nachzugehen. Arbeit lenkt ab und ich wollte nun auch fürs erste nicht weiter über das am Vormittag erlebte nachdenken. Der Alltag nahm mich in Beschlag, Anrufe, PC, Mitarbeiter, Hubert, Einkaufen, Kochen und Essen gehen, die Tage gingen am Wochenende sehr entspannt vorüber, ich dachte kaum noch an den bevorstehenden Termin am nächsten Dienstag.

Mein Leben ging also einfach weiter, ich lachte, scherzte und hatte ein tolles Wochenende mit meinen Freunden und meinem Partner.

Das Wochenende ging vorüber, der Montag fing früh an. Als Partnerin eines Bauunternehmers begannen meine Tage stets recht früh. Ich war von jeher eine Frühaufsteherin und so startete ich wieder in eine neue Woche. Einen kurzen Moment dachte ich an den morgigen Termin beim Radiologen, verdrängte ihn aber schnell wieder und der Montag ging vorüber wie auch alle anderen Montage schon, mit etwas Ärger, viel Hektik und Stress, aber auch erfolgreich und mit einem schönen Abend mit meinem Partner. Wir sprachen nicht über den Termin am Dienstag. Mein Leben war noch völlig normal, bis auf das Damoklesschwert des Termins. Es soll wohl schon nichts sein, alles wäre in Ordnung und wir würden dann darüber lachen. Mit diesem Gedanken ging ich ins Bett und schlief auch ganz gut.

Dienstagmorgen, der Wecker riss mich aus meinen Träumen, der Tag begann wie jeder andere auch. Kaffee trinken mit meinem Partner, der etwas bedrückt wirkte, sich aber Mühe gab, dies zu verbergen, duschen und etwas klar Schiff machen.

Langsam wurde mir etwas mulmig, aber ich riss mich zusammen. Schuhe anziehen und dann auf in die Höhle des Löwen, auf zur Klinik. Ich setzte mich in den Wagen und fuhr los, unterwegs machte ich mir Mut und dachte positiv. Flotten Schrittes betrat ich die Klinik, in der unser Bauunternehmen derzeit große Umbaumaßnahmen durchführte. Ich begrüßte unsere Mitarbeiter und ging dann zielstrebig in die Radiologie. Dort meldete ich mich und setzte mich in den Wartebereich. Es dauerte nicht lange und dann kam der Arzt auch schon. In diesem Augenblick wusste ich schon Bescheid, ich sah es an seinem Gesicht, er brauchte nichts mehr zu sagen: die Diagnose war Krebs! Der Arzt bat mich in sein Sprechzimmer zu kommen, ich folgte ihm wie in Trance. Dort angekommen kam noch eine Helferin dazu und er erklärte mir meine Lage. Je mehr er sprach, desto gefasster wurde ich. Ich hörte ihm zu, es fühlte sich aber eher so an, als ob ich nur Zuschauer wäre. Er zeigte mir auf, welche Schritte nun eingeleitet werden müssten und was mich nun erwartet für die die nächsten 9 Monate. Ich antwortete "dann mach die Termine alle klar, geht los, nützt ja nichts" und lächelte dabei. Der Arzt schaute mich an und antwortet "Das habe ich noch nie erlebt, dass jemand so gelassen reagiert", ich lächelte weiter und wollte doch nur noch raus. Es nützte doch nichts, heulen würde mir auch nicht helfen, ich musste mich doch dem Krebs stellen, ich wollte doch leben!

12

Auf seine Frage, ob ich noch Fragen habe, antwortete ich nur eine hätte, die da wäre, ob ich nun fertig wäre und gehen könne. Natürlich, sagte er, aber wenn noch etwas wäre, ich könne mich jederzeit melden. Ich dankte ihm, verabschiedete mich und stand auf. Als ich auf den Flur trat, da bewegte ich mich, als ob ich von Wolken umgeben wäre. Ich fühlte mich wie in Watte gepackt, wie in einem Traum. So ging ich den Flur entlang, begegnete noch zwei Mitarbeitern von uns, sagte aber nicht viel, sondern strebte zum Ausgang. Ich hielt mich tapfer, erreichte meinen Wagen, schloss auf, setzte mich hinein, fuhr los und kam genau drei Straßen weiter. Dort fuhr ich rechts ran und brach in Tränen aus. Ich wollte nicht sterben, ich hatte eine ungekannte Angst. Was sollte aus mir werden? Jeder dachte doch immer, Krebs bekämen nur die anderen, man selbst bekommt das nicht, und nun stand ich am Straßenrand und zitterte und heulte.

In diesem Moment fuhr der Mann meiner Freundin Thea an mir vorbei, er sah mich und da er dachte, ich hätte eine Panne, weil unser Wagen des Öfteren seine Macken hatte, hielt Heinz an. Er stieg aus, sah mich und wusste sofort, dass es nicht das Auto war, das mich so aus der Fassung brachte.

Er rief Thea vom Handy aus an und sie kam dann im gleichen Moment wie der Hubert an meinem Wagen an, ich hatte Hubert am Ausgang der Klinik angerufen, und er machte sich Sorgen. Keiner wusste so recht, wie er sich verhalten sollte. Thea fasste sich und schlug vor, wir sollten mit zu Thea und Heinz nach Hause kommen, sie würde Tee machen. Das Angebot nahmen wir dankend an, wir fuhren hintereinander her. Dort angekommen ging es mir etwas besser, der erste Schock war vorüber, nun galt es, sich wieder zu fangen und zu organisieren, dass der Krebs schnell in seine Schranken verwiesen wird. Theas Gesellschaft tat mir gut, der Hubert fuhr dann auch eine Zeit später und Thea und ich versuchten, den normalen Umgang mit dem Krebs zu finden. Es gelang uns ganz gut. Wir verbrachten den Nachmittag zusammen, redeten über alles Mögliche, umschifften dabei den Krebs aber weitestgehend.

Es war Dienstag, der 24. Oktober 2011, ein Tag, den ich nie vergessen werde und der zugleich Ende und Anfang für mich bedeuten sollte.

Ärztemarathon

Der Krebs war anfangs für mich unreal, ich wusste zwar, dass ich ihn hatte, aber es war nicht wirklich greifbar für mich. Jeder Tag nach der Diagnose war seltsam, aber auf gewisse Art auch normal wie immer.

In der Woche nachdem der Krebs bei mir eingezogen war, begannen die Voruntersuchungen. Oh, man... ich bekam eine Art Laufzettel, alle Termine waren bereits für mich vereinbart worden und ich arbeitete sie nach und nach ab. Es wurden lustige Untersuchungen des Knochengerüstes durchgeführt, bei dem ich eine unangenehm schmeckende Substanz trinken musste, ein Kontrastmittel, dass Metastasen in den Knochen aufdecken sollte. Das Mittel habe ich dann umsonst runtergewürgt, denn es waren keine Metastasen in den Knochen. So ging es dann weiter beim Lungenfacharzt und dem Kardiologen. Unzählige Termine und viele Kilometer nahm ich auf mich, aber bis auf den Tumor in der Brust und leider auch einigen Metastasen in den Lymphknoten hatte der Krebs sich nicht weiter ausgebreitet.

Bis zur ersten Chemositzung vergingen mit den Terminen und dem anschließenden Zusammentragen der entsprechenden Arztberichte fast drei Wochen. Die Tage flogen nur so dahin und ich hatte kaum Zeit, mich weiter mit dem Krebs auseinandersetzen zu können. Ich lebte in einer Art Parallelwelt.

Diese Parallelwelt verließ ich dann mit dem Setzen des Ports. Der Port ist eine sehr gute Erfindung, ich bin heute noch froh, dass ich den meinen habe. Meiner wurde mir unter Vollnarkose eingesetzt, ein sehr winziger kleiner Kerl, mit dem ich mich schnell anfreundete, der das Fachpersonal jedoch jedes Mal die Schweißperlen auf die Stirn treibt, da er schwierig anzustechen ist.

Eine Woche nach dem Einsetzen des Ports stand meine erste Sitzung der Chemotherapie bevor. Natürlich wusste ich über die Nebenwirkungen dieses Zauberzeugs, googelte aber keine Details, denn es half doch alles nichts, ich musste den Weg beginnen und kämpfen, kämpfen, kämpfen...

In der Praxis angekommen wurde ich dann doch etwas nervös, denn an diesem Tag nahm ich zum ersten Mal die anderen

Patienten richtig wahr, die traurigen Blicke, zum Teil gequälte Gesichter und die meisten ohne Haare. Es ist allgemein bekannt, dass unter der Chemo in den meisten Fällen den Patienten die Haare ausgehen, das stand auch mir bevor. Ich sagte mir aber, dass ich mehr an meinem Leben als an meinen schulterlangen Haaren hinge und, wenn das Medikament dort wirkte, dann täte es das auch beim Krebs.

Chemospaß

Wir schreiben den 21.11.2011, der Tag meiner ersten Chemotherapie.

Ich war zuvor schon für Untersuchungen und Besprechungen in der Praxis meines wirklich tollen und weltbesten Onkologen gewesen, hatte aber seinerzeit nicht wirklich wahrgenommen, wie es dort aussieht, dafür hingen zu viele Schockwolken um mich herum. Nun kam ich dort an, Hubert war mitgekommen als moralische Unterstützung und wir nahmen im Wartezimmer Platz. Als ich aufgerufen wurde und von der netten Helferin zu meinem Sessel gebracht wurde, verspürte ich nur den Drang, dass es endlich losgehen sollte, damit ich schnell damit durch wäre.

Das Personal war freundlich und überaus sympathisch, dadurch nahmen sie alle Zweifel und Sorgen. Nachdem ich noch einen Zettel unterschrieben hatte, ging es los. Drei Tüten mit wilden Flüssigkeiten hingen am Ständer. Eine davon sah aus wie rote Brause. Was auch immer es war, ich fragte nicht weiter nach, änderte es doch nichts daran, ich musste da nun durch. Der Onkologe stach meinen Port an und dann lief das Zaubermittel auch schon brav durch meinen Körper. Ich fühlte mich siegessicher, so sicher, dass ich einem jungen Mann neben mir alle Zweifel nahm und davon überzeugen konnte, dass er sich nicht länger weigern solle, die Chemo zu beginnen. Er war etwas jünger als ich und in Begleitung seiner Mutter, die mit Engelszungen auf ihn einredete, dass er doch die Chemo machen sollte, er sei doch noch so jung. Ich wäre nicht ich gewesen, wenn ich mich da nicht eingemischt hätte, und so glaube ich auch heute noch, dass das durchschlagende Argument gewesen ist, die Krankenkasse bezahle doch alles und wir sollten die Einladung dann auch annehmen.

Es vergingen fast vier Stunden, wobei andere noch weitaus länger dasaßen als ich, und es ging mir gut. Zwar spürte ich, dass in meinem Körper ein Kampf mit den Medikamenten entstand, aber der Satz meines Onkologen, dass der Tumor wie Butter in der Sonne schmelzen würde, wurde meine Parole und ich ließ keine Schwäche zu.

Die erste Sitzung überstand ich also sehr gut und Hubert und ich gingen im Anschluss daran dann auch noch etwas essen, wobei der von mir gewählte Fisch nicht so lecker gewesen war. Dann fuhren wir nach Hause.

Zu Hause angekommen wurde mir dann doch etwas flau im Magen, es ist aber bis heute ungeklärt, ob es der Fisch oder die Medikamentendröhnung war. Wie dem auch sei, ich hatte eine von 10 Sitzungen geschafft.

Es folgten nun also die nächsten Termine, alle im Abstand von drei Wochen.

Nach drei Wochen fuhr ich dann mit meiner Freundin Thea zum Onkologen, sie begleitete mich fortan zu allen Chemositzungen. Leute, ich hatte so einen Spaß dort. Wir haben viel gelacht, verrückte Ideen zusammengesponnen, Kaffee getrunken und immer andere Leute zum Sabbeln gefunden. Es ging letztendlich so weit, dass sich die Leute schon freuten, wenn wir wiederauftauchten, denn wir hatten uns gesagt, es ist nur eine Chemo und keine Trauerandacht, daher lachten wir wie kleine Mädchen. Mit solchen Freunden kann man aber auch wirklich bei jedem Mist etwas zum Lachen finden.

Natürlich haben wir auch Elend gesehen, das hat uns zum Teil auch sehr getroffen, jedoch wollten wir uns nicht unterkriegen lassen und haben einen Galgenhumor entwickelt, der für andere Menschen befremdlich gewesen sein musste.

Kopffreiheit

Zur Chemotherapie gehört nun leider auch in den meisten Fällen, dass die Haare ausfallen. Aber wie anfangs schon mal erwähnt, sah ich das so, dass wenn es dort wirkt, dann auch beim Krebs, den ich mittlerweile meinen Untermieter getauft hatte, den es rauszuklagen galt.

Fünf Tage nach der ersten Chemo wurden meine Haare stumpf und fielen dann auch immer mehr aus beim Kämmen und Waschen. Trotz aller Parolen, das war ein komisches Gefühl. Thea und ich hatten vereinbart, dass wenn es zu viel würde, sie mir die Haare rasieren würde. Also gab ich ihr Bescheid, besorgte den von ihr bestellten Eierschnaps und wir verabredeten uns für den drauffolgenden Freitagabend.

Als Thea ankam, umgingen wir das Thema vorerst. Wir gossen uns einen Schnaps ein und befanden das Einlegen einer DVD von Loriot als guten Plan zum Aufwärmen. Loriot die zweite wurde eingelegt und über Stunden schauten wir dann einfach weiter und nippten den Eierschnaps. Nur irgendwann ist dann auch dieser leer und weglaufen bringt nichts, also holten wir Luft

22

und legten los. Thea holte die Haarschneidemaschine raus, schnitt erst den Zopf ab, den ich bis heute noch habe, und setzte dann die Maschine an. Da diese Aktion in unserer Küche stattfand, konnte ich natürlich nicht sehen, wie das aussah, hatten wir doch keinen Spiegel in der Küche. Ziemlich zum Ende weinte Thea dann und ich dachte nur, oh je, was muss ich wohl für einen schiefen Kopf haben, dass sie so weint. Ich nahm meinen ganzen Mut zusammen und lief zum Spiegel. Das Ergebnis war doch gar nicht so übel, ich konnte behaupten, ich habe eine wirklich schöne Kopfform. Ich lachte und fragte Thea, was sie denn habe, so hässlich sähe das doch gar nicht aus, und sie antwortete, sie hätte sich dabei wie eine Täterin gefühlt. Da erst wurde mir bewusst, wie sehr auch mein Umfeld unter meiner Krankheit litt.

Nun waren meine Haare raspelkurz und es war November, also doch recht frisch am Kopf. Als Chemopatient hat man ein Recht auf eine Perücke. Diese hatten meine Freundin und ich bereits im Vorfeld schon ausgesucht, wobei wir auch da sehr viel Spaß gehabt hatten. Die Perücke wurde aber extra angefertigt und war leider noch nicht da, als die Haare abkamen. So machten wir uns den Abend noch etwas lustig mit dem Aufsetzen von diversen Faschingsperücken. Sie können mir glauben, wir hatten riesigen Spaß. Für den Übergang trug ich nun also eine Strickmütze und dass, obwohl ich Kopfbedeckungen von klein auf unangenehm fand.

Den Dienstag drauf kam dann der Anruf von der freundlichen Perückenfrau, dass ich die meine abholen könne. Nachmittags fuhren meine Freundin und ich dorthin und kam uns bei der Anprobe vor wie in einer Szene aus dem Loriot-Film Ödipussi, als Evelyn Hamann beim Friseur eine neue Frisur bekommt. Wir kicherten wie Schulmädchen und die Dame des Perückenladens gestand uns, dass sie sich schon sehr auf uns gefreut habe, da wir das Ganze mit so viel Humor nähmen statt wie die Kundin zuvor, die wohl anscheinend nur geweint hatte. Die Perücke sah aus wie meine eigenen Haare, nur minimal kürzer. Gut, ich habe dafür auch noch 180 Euro zuzahlen müssen trotz Rezept dafür. Getragen habe ich die Perücke genau 5 Minuten, ich konnte sie auf meinem mittlerweile völlig nackten Kopf nicht ertragen. Aber meine Freundin hatte mir dann sehr viele schöne Tücher genäht und ich entdeckte meine Leidenschaft für Strickmützen in allen Farben und Formen, wobei meine Kopfhaut stets mitentschieden hat, da sie sehr sensibel reagierte.

Trotz fehlenden Haares fühlte ich mich supergut und habe es zu einem Ritual gemacht, morgens die passende Mütze oder das farblich abgestimmte Tuch zu meiner Kleidung auszusuchen. Noch heute habe ich einige der Tücher im Schrank und gehe morgens auch nie ohne Mütze mit dem Hund vor die Tür, denn Mützen sind so klasse bei strubbeliger Morgenfrisur, das hätte man mir aber auch schon mal vor dem Krebs sagen können.

Im Laufe der Therapie verlor ich dann auch alle anderen Haare, Augenbrauen und Wimpern, die jede einzelne sich mit einem Zwischenbesuch über die Augen verabschiedeten, unangenehm.

Alltagstrott

Nachdem die Haare nun weg waren und ich aussah wie Sinead O´Connor wie Hubert sagte, blieb mir nichts anderes übrig, als den Kampf gegen den Krebs aufzunehmen. Mein Onkologe sagte mir anfangs, der Tumor würde unter der Chemo schmelzen, wie Butter in der Sonne und tatsächlich bemerkte ich bereits nach der ersten Sitzung eine Veränderung, der Tumor wurde weicher, das stimmte mich noch kämpferischer. Eine Schwalbe macht zwar noch keinen Sommer und eine Chemo bedeutet auch nicht, den Krebs bezwungen zu haben, aber der Weg ist ja bekanntlich das Ziel.

Ich beschloss, mich nicht mehr allzu sehr vom Krebs beeindrucken zu lassen und meinen normalen Alltag weiter zu bestreiten. Dazu gehörte nun mal auch meine Arbeit in unserem Unternehmen. Leider hatte Hubert bereits allen Leuten Bescheid gegeben, dass ich Krebs habe, das machte es für mich anfangs nicht so einfach, denn ich stieß auf viel Mitleidsgetue, und das war doch genau das, das ich nicht wollte. Es nützte aber ja nichts, ich musste also noch mehr meinem

Umfeld zeigen, dass ich mir den Spaß am Leben und mein Lachen nicht nehmen lassen wollte.

Bis zum Verlust der Haare sah man mir den Krebs nicht an, aber nun konnte wirklich jeder erkennen, trotz Mütze, dass ich keine Haare mehr hatte und es ahnte natürlich auch fast jeder, warum dies so war. Ich glaube, jeder kennt diese Blicke, die einige Mitmenschen anderen zuwerfen, die ein Handicap mit sich herumtragen, mich machten diese Blicke extrem wütend. Vor meiner Erkrankung hatte ich da schon kein Verständnis für, da in meinen Augen alle Menschen gleich sind, keiner ist besser oder schlechter aufgrund seiner Optik oder gesundheitlichen Einschränkungen, ob ein Mensch gut oder schlecht war, das entschied ich nach deren Verhaltensweisen. Nun wurde ich selbst "Opfer" dieser herablassenden und glotzenden Blicke. Thea und ich machten uns aber auch hieraus stets einen Spaß. Man muss dazu sagen, dass wir keine "normalen" Menschen waren, ich war immer schon etwas "anders" oder schöner ausgedrückt, ich habe mich nie verbogen und mir meinen positiven Humor nie begrenzen lassen, auch, wenn ich dadurch oft anecke. Thea war genauso.

27

So ergaben sich für uns lustige Begebenheiten bei den Einkäufen der Mittel des täglichen Lebens.

Die erste hatten wir in einem Sonderpostenmarkt, als Thea ihr Geld nicht dabei hatte und wir uns an der Kasse einen Spaß daraus machten, dass sie lautstark mitteilte, sie habe ihre Stütze noch nicht bekommen, wohlwissend, dass jeder wusste, ihr Mann Heinz war mit einer Kfz-Werkstatt selbständig, und dass die totgeweihte nun ihre Einkäufe zahlen müsse. Wir lachten uns halb scheckig und ernteten verwirrte Blicke, die uns noch mehr zum Lachen brachten.

Ein weiteres Mal waren wir bei einem Discounter, der zu der Zeit gerade alles, das mit Frisuren zu tun hatte, im Angebot hatte. Es nahte schließlich die Weihnachtszeit und da müssen die Haare doch auch sitzen. Thea entdeckte in den Angebotskörben ein Glätteisen, sie stand auf der anderen Seite mir schräg gegenüber, riss den Karton hoch, wedelte damit herum und rief mir zu, "das brauchst Du unbedingt". Die Leute schauten uns an und ihre Blicke blieben bei mir hängen, denn ich schob meine Mütze langsam etwas hoch und gab einen Einblick auf meine blanke Kopfhaut. Herrlich, die Leute wussten nicht, wie sie reagieren sollten, sie glotzen einfach weiter während Thea und ich wieder in schallendes Gelächter ausbrachen.

Die beste Situation war jedoch, die in einem anderen Supermarkt. Wir kauften wieder mal Lebensmittel zusammen ein und schoben mit unseren Wagen durch die Gänge. Heinz hatte einmal zu mir gesagt, ich sollte die Leute für ihre Blicke mit dem Satz strafen "für 5 hebe ich die Mütze und für 10 dürfen Sie auch mal kurz anfassen". Nun suchte ich bei den Konserven nach Kidneybohnen als ein älterer Herr mir entgegenkam mit seinem Einkaufswagen und mir wie gebannt auf meine Mütze starrte. Ich merkte, wie ich wütend wurde, anstarren ist unhöflich, das habe ich doch auch von meinen Eltern gelernt. Es kam mein großer Moment, ich fasste meine Mütze, zog sie etwas hoch, soweit, dass man noch nichts sehen konnte, aber dennoch den Blick des Herrn weiter auf sie zog, und dann durfte ich es sagen "für 5 können Sie einmal schauen, für 10 lasse ich sie kurz anfassen". Der Mann war so geschockt, dass er mich anstarrend mit seinem Einkaufswagen direkt in die

Konserven steuerte, es rumpelte ordentlich, die Dosen fielen aus den Regalen, er wurde hochrot, konnte seinen Blick aber nicht von mir abwenden. Einerseits war es eine Genugtuung, andererseits tat mir der Mann dann doch auch etwas leid, denn im Nachgang betrachtet, denke ich, dass er vielleicht einfach unsicher war.

Dennoch hatten Thea und ich unseren Spaß damit und ich war jeden Tag froh, dass ich sie an meiner Seite hatte. Es hilft sehr, einen unkomplizierten fröhlichen Menschen an seiner Seite zu haben in so einer Zeit.

Neben diesen lustigen Situationen lief mein Leben aber mit der Chemo auch ganz normal weiter. Ich arbeitete so gut ich konnte, obwohl es mir nicht immer 100%ig gut ging, ich verdrängte das aber und zwang mich, gegen die Nebenwirkungen wie Müdigkeit, Erschöpfung, Knochenschmerzen und den Veränderungen meines Körpers wie Wassereinlagerungen, Gewichtszunahme durch das Kortison, das ich bekam, um die Keule Chemo überhaupt vertragen zu können, und den schmerzhaften Verlust der Finger- und Fußnägel, anzukämpfen. Thea kam jeden Morgen vor der Arbeit kurz bei mir vorbei, um einen Kaffee zu trinken und zu schauen, wie es mir geht. Dies wurde ein tägliches Ritual. An manchen Tagen sagte sie zu mir, "du siehst heute aber scheiße aus", worauf ich dann sagte, "das weiß ich, das hat mein Spiegel auch schon gesagt". Das war dann alles und wir taten wieder völlig normal verrückt wie sonst auch.

Mein Leben lief normal weiter, mit Sport, Essen gehen, Museumsbesuchen, Feiern, Schlittschuhlaufen und allem, was dazu gehört.

Reset

Alle drei Wochen fuhr ich nun mit Thea als begleitende Unterhalterin zu meinem Onkologen und ließ mir die Leben rettende Infusion geben. Während dieser Wochen trafen wir auf die verschiedensten Menschen dort, denen wir zum Teil liebevolle Spitznamen gaben, denn obwohl man sich dort so oft sieht, lernt man sich nur selten wirklich kennen. So hatten wir die kleine Elfe, eine sehr liebe Frau in meinem Alter, die sich nicht von ihren Haaren trennen wollte, obwohl sie kaum noch welche vorweisen konnte. Sie klammerte sich mit aller Kraft daran. Sie war so zart und wir haben uns sehr gern mit ihr unterhalten. Leider kam sie eines Tages nicht mehr wieder. Es gab dann noch die Brötchenfrau. Sie war wirklich taff, hatte aber die Dauer der ersten Sitzung unterschätzt und nun nichts zu essen dabei. Sie sprach uns also an und fragte, ob Thea ihr vielleicht ein Brötchen vom Bäcker um die Ecke holen könnte. Natürlich tat Thea das auch, sie war eine fabelhafte Person mit dem Herzen am rechten Fleck. Die Brötchenfrau trafen wir noch öfter, aber auch ihr ging es nicht gut, ihren Bruder hatte sie bereits an den Krebs verloren. Es ist immer hart, wenn ein Mitpatient nicht wiederkommt, vor allem, wenn man vorher gesehen hat, wie dieser körperlich sehr stark abgebaut hat. Diese Gedanken muss man ausblenden lernen, ansonsten überfällt einen die Angst und die wiederum nimmt einem die Kraft für den Kampf.

Auch bei mir änderte sich vieles. Nicht nur waren die Haare allesamt ausgefallen, ich nahm auch sehr viel zu, zum großen Teil waren es Wassereinlagerungen, die mich an einigen Tagen nach der Chemo aussehen ließen wie einen Preisboxer nach einem Weltmeisterkampf. Ich litt sehr darunter, versteckte dies aber tapfer und bemühte mich, mit dem linken Auge zu schauen, wenn das rechte wieder einmal zugeschwollen war.

Hubert nahm mich zwar weiterhin überall mit hin, zum Essen, auf Veranstaltungen und auch in Museen, es kriselte jedoch stark zwischen uns, denn der Krebs hatte Kräfte in mir mobilisiert, die mir trotz allem ein starken Selbstgefühl gaben, und dass ich seinen Heiratsantrag ablehnte, machte es auch nicht besser, aber ich wollte nun mal nicht heiraten. Ich war nicht mehr bereit, stets zurückzustecken und entdeckte meine "böse" Seite an mir. Nun neige ich nicht zur Bösartigkeit als solches, im Gegenteil, ich bin sehr auf Harmonie und gute Schwingungen bedacht, aber so ab und an kam die böse Silke zum Vorschein. Als erstes bemerkte ich dies in einem großen Supermarkt.

Ich hatte auch schon vor dem Krebs nicht so sehr viele Freunde, aber ich dachte immer, es wären alles sehr gute Freunde an meiner Seite. Bis zu dieser Sache im Supermarkt als ich eine "Freundin" traf, sie kam mir entgegen und lief einige Meter vor mir als sie mich sah. Junge, man hätte meinen können, ich hätte ein Gewehr dabei und sie sei das gejagte Kaninchen gewesen. Sobald sie mich bemerkte stoppte sie, versuchte Deckung hinter einem Regal zu suchen, und lief so zickzack, um mir bloß nicht über den Weg laufen zu müssen. Vergeblich, ich rief ihr zu, sie bräuchte sich nicht zu verstecken, Krebs sei nicht ansteckend und auf solche Leute könne ich dankend verzichten. Dadurch sah sie sich nun gezwungen, mich mit großem Abstand doch anzusprechen, worauf ich gut hätte verzichten können, denn ihr "ach ja, hab schon gehört, aber jeder kriegt das, was er verdient" war die Krönung. Dies war das erste Mal, dass ich so etwas zu hören bekam. Nein, ich hatte den Krebs nicht verdient, das tut niemand!, und meine Antwort ist immer die Gleiche "ich habe lieber den Krebs als deinen Unverstand und ich danke meiner Mutter für meine gute Erziehung, bei Dir ist da wohl einiges schief gegangen". Mit diesen Worten ließ ich sie stehen und ging meiner Wege. Ja, es hatte mich sehr getroffen, denn ich hatte sie bis zu diesem Zeitpunkt für eine Freundin gehalten, wir hatten viele schöne Abende zusammenverbracht und waren auch zusammen im Urlaub gewesen.

Der Krebs hatte mir dann nach und nach die Augen geöffnet, ich lernte wieder, meinen Instinkten zu vertrauen und nicht den schalen Worten von Menschen, die sich als "Freunde" ausgaben.

Operationsmarathon

Ursprünglich waren 8 Sitzungen mit Chemotherapie angesetzt gewesen, also strahlte ich meinen Onkologen beim 8. Termin an, dass ja heute meine letzte Sitzung anstünde und fragte, wie es dann terminlich weitergehen sollte. Mein Gesicht muss klasse ausgesehen haben, als er sagte, dass an dem Tag erst die vorletzte Sitzung wäre, eine hätte er noch dazu genommen. Nun ja, mir ging es grundsätzlich nicht schlecht unter Chemo, aber dennoch wollte ich doch endlich die OP hinter mir haben, ich widersprach aber nicht, sondern vertraute ihm. Beim 9. Termin wiederholte sich das Spiel dann noch einmal, so dass ich schlussendlich auf 10 Sitzungen kam.

Aber nun stand endlich die OP bevor, und damit sollte ich dem Ende des Krebses dann auch fast schon nah sein. Ich fuhr also nach der letzten Chemo wieder zur Brustklinik, in der ich anfangs aufgenommen worden war und wo nun auch die brusterhaltende OP stattfinden sollte.

Ich saß brav im Wartezimmer, Hubert hatte sich die Zeit genommen und war mitgefahren, mehr aus Pflichtbewusstsein denn aus Sorge. Als ich aufgerufen wurde, ging ich mit guter Stimmung zum Chefarzt, der mir bei meinem ersten Besuch dort sehr freundlich gegenübergetreten war und er einen sehr guten Ruf in der Krebsforschung besaß. Er erklärte nun nochmal, wie brusterhaltend operiert werden würde und bestellte mich noch einmal für den nächsten Tag her, damit ein paar kleine Dinge untersucht werden könnten. Perfekt, dachte ich mir, und Hubert und ich fuhren mit guter Laune wieder nach Hause.

Am nächsten Tag fuhr ich dann allein dort hin, es sollte ja nicht lange dauern. Pustekuchen, ich wartete fast 2 Stunden im Wartebereich. Dann endlich kam die Empfangsdame und rief meinen Namen auf. "Jawoll" sagte ich, um mich dann von ihr anschnauzen zu lassen "wo sind die denn?". Ich wusste gar nicht, was sie von mir wollte. Die anderen Patienten schauten uns gespannt an. "Wo ist was?" fragte ich. "Na, die Röntgenbilder? Die sollten Sie mitbringen!" Ihr Ton war scharf und ich stand nun langsam auf, sah sie an und antwortete "die Bilder habe ich Anfang November hier abgegeben, woher soll ich also wissen, wo Sie die gelassen haben?" Der Ton wurde schärfer von ihr "hier sind die aber nicht". Und nun kam ich... "Also, wenn ich die zu Hause hätte, dann wüsste ich aber, wo sie sind. Und so schön sind die nun nicht, dass ich sie mir übers Bett hängen würde!!! Vielleicht schauen Sie mal alle Akten durch von den Patienten, die am gleichen Tag da waren im November!" Ich war zwar nicht laut geworden, aber mein Tonfall war deutlich, aller Augen waren nun auf die Sekretärin gerichtet, die dann ein "Pfff" von sich gab und wieder verschwand. Man suchte nun weiter nach den Röntgenbildern, die für die OP von großer Wichtigkeit waren, da nach der Chemo der Tumor nicht mehr sichtbar war. Kurz darauf kam die Radiologin und nahm mich mit ins Behandlungszimmer. Sie erklärte mir, dass die Bilder sehr wichtig seien, aber ich hatte sie dort abgegeben und konnte also nicht weiterhelfen. Man rief dann in der Klinik bei mir am Ort an, wo damals die Aufnahmen gemacht worden waren und bat um Rückruf. In der Zwischenzeit durfte ich mich mal wieder oben herum frei machen und man untersuchte lustig weiter, bis das Telefon klingelte. Die Radiologin ging ran, es war erstaunlich, sie hatte doch selbst um Rückruf der Kollegen gebeten und wollte das Gespräch nun nicht annehmen mit den Worten "ich kann jetzt nicht telefonieren".

Da riss ich ihr den Hörer aus der Hand und sprach selbst mit der Radiologie aus meinem Ort. Man hielt mich für eine Kollegin bis ich denen unmissverständlich klar machte, dass ICH die Patientin sei und die Frau Doktor soeben einen Anfall von Telefonphobie erlitten habe, man solle mir nur einfach sagen, ob es noch weitere Bilder gäbe. Diese gab es aber leider nicht, da zu dem Zeitpunkt der Aufnahmen noch keine digitalisierten Bilder gemacht wurden, dies kam erst etwas später. Ich bedankte mich, gab die Info weiter und dann nahm das Elend seinen Lauf. Im Nachhinein betrachtet muss ich darüber lachen, aber damals war das sehr nervig und schon erniedrigend.

Es kamen dann alle beteiligten Ärzte dazu, man behandelte mich wie eine Puppe, keiner sprach mit mir, aber alle fachsimpelten. Es sollte dann doch die Brust amputiert werden. Ich rastete aus. Da erst bezog man mich mit ein, den Patienten, um den es doch ging. Also man wolle dann Gewebe als Aufbau nehmen, das fand ich noch in Ordnung. Aber als dann Latissimus fiel, da klinkte ich mich direkter ein. Was würde das für mich bedeuten, ich wäre erst 40 Jahre alt und müsse noch 27 Jahre arbeiten. Das müsse man dann sehen war die Antwort. Nichts davon!!! Ich gab zurück, dass dann keine OP stattfinden würde. Es kam also eine weitere Ärztin dazu. Der Chef hatte sich mittlerweile zurückgezogen. Diese Ärztin wurde von den anderen vieren aufgeklärt, was der Chef wollte. Sie winkte ab, ob denn alle dort bescheuert wären, das ginge gar nicht. Die Frau gefiel mir. Und noch mehr, als sie, nach meiner Zwischenbemerkung, ich könne ja auch oben ohne über den Gang rennen und wir fragen mal alle Leute, was die denn dazu meinen, mich ansah, alle anderen aus dem Raum schickte und mir dann die Option Implantat erklärte. Begeistert war ich nicht, aber ich stimmte letztendlich zu und der Termin wurde für die nächste Woche bestimmt. Ich unterrichte die Klinik danach, dass der Chefarzt mich nicht mehr anfassen dürfe, ich würde mir OP-Protokolle zeigen lassen, und bekräftigte meine Aussage, in dem ich ihm mitteilte, dass er in der Forschung wohl ein guter Mann wäre, aber mit Patienten könne er nicht umgehen, wir wären nicht seine weißen Mäuse.

Privatkassenpatient

Mittlerweile war es Mai 2012 geworden. Ich hatte bereits ein halbes Jahr gegen den Krebs gekämpft, recht erfolgreich, denn ich war schließlich noch da, und nun stand die OP an.

Hubert brachte mich am Morgen der OP in die Klinik, den Eingriff sollte die mir sympathische Ärztin durchführen, die, wie ich später mitbekam, den Ruf einer Generalin hatte, die sich auch dem Chef widersetzte. Nun war ich auch nicht gerade ein pflegeleichtes Lamm, daher ergab sich wohl, dass wir ganz gut miteinander auskamen. Sie kam kurz bevor ich nach unten in den OP-Trakt geschoben werden sollte noch kurz ins Zimmer, um mich zu begrüßen, eine sehr nette Geste in meinen Augen. Als die Schwester kam und mit mir losschieben wollte, standen Hubert die Tränen in den Augen. Wir hatten zwar unsere Probleme, dennoch möchte ich behaupten, dass wir uns doch geliebt haben. Ich selbst war recht entspannt, Narkosen finde ich irgendwie ganz witzig und daher verzichte ich auch stets auf die Entspannungstablette vorab, ändern konnte ich doch sowieso nichts, sollte meine Uhr abgelaufen sein, dann ist das so. Aber sie war es noch nicht, mein Buch des Lebens hatte noch mehr mit mir vor und so wachte ich erfrischt wieder auf und befand mich in einem ziemlich großen Zimmer mit Balkon. Eine weitere Patientin lag dort mit mir, der es leider nicht so gut ging. Fit wie ich war, schließlich hatte ich fast 20 Jahre meines Lebens mein Geld mit Sport verdient, das hatte meinen Körper wohl belastbarer gemacht, ging ich direkt auf den Gang, um mir Bewegung zu verschaffen und vielleicht auch noch etwas zu Essen aufzutreiben, denn ich hatte nach jeder OP immer großen Hunger. Auf dem Gang wurde ich von einer netten Dame angesprochen, ob ich nicht Lust hätte, am nächsten Morgen an einer Veranstaltung teilzunehmen, bei der es um Krebs ginge und was man an Vorteilen bekommen könne. Diese Veranstaltungen werden im Rahmen der Zertifizierung eines Brustzentrums angeboten und sind gar nicht so verkehrt. Ich sagte zu.

Am nächsten Morgen frühstückte ich und verbog mich unter der Dusche, um die frischen Nähte nicht zu befeuchten, das war lustig anzusehen denke ich. Danach ging ich schon mal zum Veranstaltungsraum, bei dem bereits 2 andere Damen warteten, die erheblich älter waren als ich. Zu meinem Glück kam dann noch eine junge Frau in meinem Alter dazu, die anfangs etwas bissig dreinschaute, aber sich dann neben mich setzte. Wir unterhielten uns zwar nicht viel, aber auf gewisse Art waren wir uns zugetan. Der Vortrag erwies sich als nutzlos für uns, da alles, das dort angesprochen wurde, uns schon bekannt war und wir dann auch noch ständig unsere Tipps aus der Praxis einwarfen, dies gefiel der Vorträgerin nicht so, aber wir erreichten dabei, dass die älteren Damen sich etwas entspannten. Das Ganze dauerte ca. 30 Minuten und danach war es noch lange hin bis zum Mittagessen. Jeder, der schon mal im Krankenhaus lag, weiß, dass das Essen, ob gut oder schlecht, die Highlights des Tages sind. Ich ging also wieder auf mein Zimmer und wollte etwas lesen. Da klopfte es und meine Mitstreiterin aus dem Vortrag stand in der Tür. Sie fragte, ob ich mit ihr spazieren gehen möchte, draußen auf dem Gelände, das Wetter wäre doch so schön. Eine gute Idee fand ich und so gingen wir los, 2 Fremde, mit ähnlicher Diagnose. Marlies war fabelhaft, lustig und unkompliziert und sie nahm den Krebs genauso wie ich, wir gaben unserem Mitbewohner nahmen und da wir das Wort "Implantat" doof fanden, tauften wir es kurzerhand "Autoreifen". Wir hatten beide den Hang zum Sarkasmus und schwarzen Humor, mit dem wir das Klinikgelände erkundeten und uns köstlich über alles amüsierten.

Als es Zeit zum Essen war, liefen wir wieder Richtung Zimmer und Marlies fragte mich, ob ich privat versichert sei. Ich antwortete "nein, wieso?". "Na, weil Du im Privatzimmer untergebracht bist, das ist das Größte Zimmer und hat einen Balkon". Ich wunderte mich etwas darüber, aber später fand ich heraus, dass ich durch meine "schwierige Art" am Anfang mit dem Chefarzt zu dieser Ehre gelangte. Manchmal lohnt es sich also, dass man seine Meinung kundtut.

Marlies und ich freundeten uns in den 2 verbleibenden gemeinsamen Tagen in der Klinik an und der Kontakt hielt einige Jahre, bis wir uns dann leider aus den Augen verloren. Sie war eine Bereicherung meines Lebens und ich bin froh, dass sie eine Weile in meinem Leben war, eine Erinnerung, die wertvoll ist.

Ich musste nun noch etwas in der Klinik bleiben. Hubert kam nur einmal für 10

Minuten zu Besuch, was soll ich sagen, es wurde nicht besser mit uns. Dafür überraschte mich Thea. Sie hatte mir zwar mitgeteilt, dass sie keine Zeit habe, es täte ihr auch sehr leid, aber wir telefonierten jeden Tag einmal. So auch an diesem Tag, sie rief an und sagte, ich solle mal eben nach unten kommen, sie hätte sich kurz Zeit genommen, könne aber nicht so lange bleiben. Ich freute mich riesig, lief schnell nach unten und da stand meine Thea. Wir herzten uns und es tat gut, sie zu sehen, obwohl sie so komisch tat. Sie zog mich mit sich und als wir an der Ecke der Klinik standen, da kam Heinz mit den beiden Hunden um die Ecke. Die Jungs bellten und sprangen an mir hoch. Oh, was für eine Freude das war. Sie hatte das alles geplant, dass ich ihre Hunde auch eben sehen konnte. Dafür hatte Heinz sich extra freigenommen. Ich bekomme heute noch Gänsehaut bei dem Gedanken daran, es war überwältigend. Wir lachten und redeten und es war, als die Welt in Ordnung wäre.

Nicht lange danach wurde ich entlassen, Hubert holte mich ab und brachte mich nach Hause. Für mich stand da schon fest, dass mein Leben so nicht weitergehen sollte, das konnte doch nicht alles gewesen sein. Zu Hause angekommen packte ich meine Sachen aus, ich war der einarmige Bandit, denn ich sollte den rechten Arm noch nicht so flott bewegen. Dann rief ich Thea an und sie kam im Tiefflug zu mir und wir tranken erstmal einen gepflegten Kaffee. Die Tage darauf wechselte Thea auch morgens meine Verbände, selbst da kicherten wir noch. Nun heilte es aber nicht so, wie gewünscht und ich musste noch 2 Mal in die Klinik zum Nachnähen. Beide Male ohne Betäubung, ein witziges Gefühl, aber ich hatte keine Lust, jedes Mal so lange zu warten.

Zwischen Hubert und mir spitzte es sich zu. Ich war nicht mehr gewillt, mich weiter betrügen zu lassen, dafür hatte ich den Krebs doch nicht bekämpft. Also packte ich kurzerhand meine Tasche und teilte ihm mit, ich verließe ihn. Er fiel aus allen Wolken, er weinte und bettelte, aber mein Entschluss stand fest, ich ging zurück in meine alte Heimat. Nun hatte ich immer noch die halboffene Wunde, keine Unterkunft und kaum Sachen dabei. Aber das Schicksal hat immer etwas parat und ich traf einen alten Freund aus der Vergangenheit wieder, bei dem ich erstmal wohnen konnte, denn im Hotel war das nun auch keine Lösung. Zu meiner nicht heilen wollenden Wunde tat ich mir diesen Stress noch an, aber es war richtig. Ich fühlte mich wieder frei. Bei Lars wohnte ich dann drei Monate. In dieser Zeit hatte ich weiter engen Kontakt zu Marlies, die ebenfalls nicht mit dem Brustzentrum zufrieden war und die daher zu einem Bekannten gewechselt hatte, der zwar nur Privatpatienten behandelte, aber durch einen Belegungsschein auch die einfachen Kassenpatienten behandeln konnte. Sie organisierte mir dort einen Termin und ich fuhr zu ihm. Er schaute sich meine Wunde an und sagte "Das Implantat muss raus, das ist eine tickende Zeitbombe". Ich war geschockt, fing mich aber gleich wieder und fragte, wann er das machen könne. Er könne das selbst nicht, das wäre schon zu weit hin. Auch diesen Schock verdaute ich schnell, denn er erklärte mir, er arbeite mit einem plastischen Chirurgen zusammen, der sich auf so etwas spezialisiert habe. "Super" sagte ich, "dann gleich einen Termin machen". Der Arzt warf dann ein, dass der Fachmann aber in Düsseldorf wäre. Das war mir doch egal, ich würde auch bis München laufen, wenn mir der helfen könne. Gesagt, getan, er rief direkt dort an und dann ging es ganz schnell. Ich

47

konnte am übernächsten Tag dort hinfahren.

Nun war ich schon sehr viel gefahren für oder gegen den Krebs, also setzte ich mich wieder in meine La Cherie, meinen kleinen Mini Clubman, den ich mir 2 Tage nach Diagnose Krebs gekauft hatte, weil ich ihn unbedingt haben wollte, und düste Richtung Düsseldorf. Die Klinik war erst vor 6 Wochen neu eröffnet worden, die alte lag direkt daneben und wurde abgerissen, während der Neubau wirklich sehr schön gestaltet worden war. Ich fand mich schnell zurecht und stand nun an der Anmeldung der plastischen Chirurgie. Es war keiner da und ich lief hin und her, um jemanden zu finden, als ein Arzt mittleren Alters aus einer anderen Tür trat und mich fragte, ob er helfen könne. Ich erklärte ihm mein Anliegen und er antwortete lachend, dass er der Arzt sei. Mit seiner fröhlichen und unkomplizierten Art nahm er mir jede Anspannung. Er geleitete mich in ein Behandlungszimmer und rief noch einen Kollegen dazu. Die beiden hörten sich erst in Ruhe an, was bisher abgelaufen war, der Kollege, der mich angemeldet hatte, hatte zwar schon etwas berichtet, aber ich war ja nun mehr in der Thematik. Dann bat man mich höflich, mich oben herum freizumachen und sie schauten es sich an. Beide waren entsetzt, aber sie waren sich auch einig, dass sie das wieder hinbekämen, es müsse nun nur schnell gehen. Ich sollte mich erstmal wieder anziehen und dann würden wir alles weitere besprechen. Das war neu! Sonst wurde einfach so weitergesprochen ohne Rücksicht auf angezogen oder nicht. Dies sah man mir wohl auch an, und der Chefarzt gab mir zu verstehen, dass er das Verhalten seiner Kollegen oft nicht nachvollziehen könne, viele seien einfach betriebsblind und respektlos geworden.

Wir setzen uns an den Tisch und man erklärte mir die damals noch recht neue Operationstechnik, bei der aus Eigengewebe die Brust neu aufgebaut würde. Dann schauten sie in den OP-Plan und fanden einen spontanen Termin in der Woche darauf, ansonsten wartete man bei ihm auch bis zu 6 Monate. Ich war begeistert, ließ noch eine Untersuchung über mich ergehen und fuhr euphorisch nach Hause.

Diese Euphorie ließ dann aber schnell nach, als ich die erforderliche Überweisung für die gemachte Voruntersuchung nicht von meinem Gynäkologen bekommen sollte. Diese sah keinen Sinn in der OP und weigerte sich, mir die Überweisung auszustellen. Nur ohne diese hätte ich um die 1.800€ selbst zahlen müssen für die Untersuchung. Ich war außer mir und rief in Düsseldorf an. Dort geriet ich an die Vorzimmerdame des Chefarztes. Diese war wenig verständnisvoll und brachte mich vollends auf die Palme. Ich herrschte sie an, dass ich es leid sei, ständig zwischen den Ärzten zu vermitteln, dass ich die Untersuchung nicht veranlasst hatte und dass ich ihren Job auf einer Pobacke neben einem Vollzeitjob erledigen würde. Ich war nicht nett! Dafür habe ich mich später auch noch entschuldigt bei ihr. Wer nun die Kosten für die Untersuchung gezahlt hat oder wo eine Überweisung hergekommen sein mag, ich weiß es nicht, für mich war das Thema da beendet.

Ich hörte bis zu meiner Anreise nichts mehr von der Klinik, ich wusste nicht einmal, ob der Eingriff nach dieser Aktion überhaupt noch stattfinden würde, dennoch fuhr ich an dem Montag danach los, da ich aufgrund meines langen Anfahrtsweges schon einen Tag vorher anreisen sollte, damit alle

Vorgespräche dann auch stattfinden konnten. In der Ferne konnte ich die Klinik schon erkennen, noch einige Kurven und ich war da, als mein Handy klingelte. Den Wagen fuhr ich also rechts ran und nahm das Gespräch an, es war ein anderer Arzt, der mich vorsichtig fragte, ob ich noch zur morgigen OP käme, er habe gehört, was vorgefallen war und würde sich dafür entschuldigen. Puh, ich dachte schon, er wollte mir absagen. "Natürlich komme ich, bin in wenigen Minuten da, ich kann die Klinik schon sehen". "Prima, dann freuen wir uns auf Sie" gab er zurück.

Dort angekommen wurde ich freundlich begrüßt, ich fühlte mich sehr gut aufgehoben und nachdem ich der Vorzimmerdame meine Entschuldigung überbrachte, war alles wieder in Ordnung. Man nahm mich auf, der Anästhesist sprach mit mir, man verzichtete wieder auf die "Scheißegal-Tablette" und dann brachte man mich auf mein Zimmer. Was soll ich sagen... es war wieder das Zimmer für Privatpatienten, riesig groß, modern und neu, fast wie ein Hotelzimmer. Sehr schön. Und das alles wieder, ohne dass ich Privatpatient war oder eine Zusatzversicherung hatte. Mit meiner Art hatte ich es wieder mal geschafft in diesen Genuss zu kommen, wobei ich ansonsten ein eher unkomplizierter Patient bin.

Körperneubau

Die Krankenschwester zeigte mir mein Zimmer und als ich meine Tasche auspackte, da betrat meine Bettnachbarin den Raum. Sie war in etwa 10 Jahre älter als ich, sehr nett und lustig. Wir unterhielten uns kurz über die OP, die sie bereits schon hinter sich hatte.

Nun war man es als Krebspatient gewohnt, sich alle naselang vor Fremden nackig zu machen, da war es nicht verwunderlich, dass meine Bettnachbarin ihr T-Shirt hochzog und mich fragte, was meine Meinung zu ihrem neuen Bauchnabel sei. Ich hatte mich früher nie um Bauchnabel gekümmert, daher war ich auch kein Fachmann, was den Sitz eines solchen anbelangte. Mir schien er schon sehr zentral gelegen, also etwas zu hoch, was die Dame ebenso empfand. Nach diesem Gespräch hoffte ich, dass die er Chirurg mir den meinen ebenso schön wieder hinzauberte, wie ich ihn bislang hatte, denn mein Bauchnabel gefiel mir schon sehr gut, aber ich verschwendete erstmal keinen weiteren Gedanken daran. Nach dem Abendessen, das man unten in der Kantine einnahm, heutzutage sollen die Patienten sich ja möglichst viel bewegen, begab ich mich wieder auf mein Zimmer und es nahte die Nachtschwester mit der Thrombosespritze. Dies verwunderte mich ein wenig, denn ich war doch heute erst angekommen und den ganzen Tag herumgelaufen. Sie sagte, der Arzt habe das so angeordnet, also dann man rein damit, noch etwas ferngesehen und dann schlief ich wunderbar. Am nächsten Morgen weckte mich die Schwester, Frühstück gab es nicht, aber einen zauberhaft schicken OP-Kittel. Meine Aufregung hielt sich in Grenzen, ich hatte volles Vertrauen in das Ärzteteam, das nun ca. 8 Stunden an mir herum operieren wollte, um aus mir wieder einen normalen Menschen zu machen.

Laut OP-Plan sollte ich als erstes auf der Liste stehen und die Schwester schob mich in den OP-Bereich. Das Herumgeschoben werden im Bett empfinde ich nach wie vor als das Unangenehmste an einer OP. Wir gelangten unfallfrei unten an und ein Anästhesiepfleger nahm mich in Empfang, er bettete mich in warme Laken, sehr wohlig und dann begann die Narkose. Wie schon erwähnt finde ich Narkosen sehr witzig. Der Anästhesist war etwas verunsichert, da ich im vollen Besitz meines wachen Verstandes da lag und ihn dabei beobachtete, wie er den Zugang legte. Er gestand, dass er das noch keinem wachen Patienten diesen gelegt habe und es ihn etwas irritiere, aber wir lachten dann und schon ging es los. Sobald das Narkotikum eingeleitet wird, verspüre ich dieses interessante und spannende Kribbeln "im Kleinhirn". Es kribbelt dann im ganzen Körper und ich entschwinde sachte in den gewollten Tiefschlaf. Ansprechbar bin ich dabei bis zum Schluss, und erkläre dann leider auch immer, dass ich nach der OP gerne ein Schnitzel hätte, dabei mag ich Schnitzel gar nicht so gern, aber so bin ich eben.

Während ich den Schlaf der Narkose genoss, gaben die Chirurgen ihr Bestes und ich wurde wach... auf der Intensivstation. So hatten wir das aber nicht vereinbart. Was war passiert? Wie gewöhnlich nach einer Narkose bin ich sofort hellwach und ausgeschlafen, so auch jetzt, und bat um Auskunft. Das Personal war sehr freundlich, man brachte mir etwas zu trinken und Kekse, damit überbrückte ich die Zeit, bis der Arzt zu mir kam. Er setzte sich auf die Bettkante und fragte, ob ich noch andere Medikamente nähme. Das verneinte ich, denn ich nehme außerhalb der Krebstherapie so gut wie nichts an Medikamenten. "Sie wären uns fast verblutet." Ich lachte, das konnte ja gar nicht sein. Aber der Arzt schien ernsthaft besorgt. Man habe die OP nicht vollständig beenden können, weil plötzlich überall Blut gewesen sei. Wir rätselten eine Weile vor uns hin, bis mir die Thrombosespritze am Abend zuvor einfiel. Der Arzt schaute mich an, überlegte kurz und befand dann auch diese für schuldig an der nicht vollendeten OP. Ich war Kummer gewohnt im Laufe des Krebses, und was brachte es, nun noch darüber zu jammern, die OP musste zu Ende gebracht werden, da war ich mir mit dem Arzt einig. Man hatte mich schon wieder auf die OP-Liste für den folgenden Freitag gesetzt, also in 2 Tagen. Solange wollte man mich auf der Intensivstation lassen, was ich aber strikt ablehnte, es ist schon furchtbar laut und unruhig dort und mir ging es ansonsten ja auch blendend, daher bestand ich darauf, dass man mich umgehend auf die normale Station zurückbrachte. Es wurde noch ein wenig diskutiert, aber letztendlich konnte ich mich -wieder einmal- durchsetzen und lag eine Stunde später schon wieder auf meinem alten Zimmer. Meine Bettnachbarin freute

56

sich, sie hatte mir das Bett auch freigehalten, als man vorübergehend einen anderen Patienten dort unterbringen wollte. An sich war nun alles erstmal super, ich hatte einige Drainagen, die aber nicht weiter hinderlich waren und diesen Blasenkatheder, der wiederum sehr nervig war, denn mit diesem durfte ich nicht aufstehen und die Schwester brauchte erst das OK des Arztes, um ihn zu ziehen. Ich wäre aber nicht ich gewesen, hätte ich mich davon aufhalten lassen. Kurzerhand zog ich mir den dann selbst, schön war es nicht, aber er war raus, juchhu, drauf klingelte ich dann nach der Schwester, die mir nicht wirklich abnahm, dass er von allein rausgefallen war, aber mit einem Lächeln erlaubte sie mir dann, aufzustehen.

Der Eingriff war schon von enormer Größe gewesen, die Narben erzählen noch heute davon, und mein erster Gang sah dann auch etwas schief aus, jedoch unterdrückte ich den Schmerz und versuchte, aufrecht zu laufen. Mittags kam dann die Schwester und wollte mir Essen bringen, denn diejenigen, die noch nicht gut zu Fuß waren, bekamen ihre Mahlzeiten auf dem Zimmer, alle anderen mussten mit Essensmarken nach unten in die Kantine gehen. Ich bevorzugte den Gang in die Kantine, was der Schwester nicht ganz unpassend war, da sie wohl nicht genügend Essen für alle auf der Station hatte, also win-win für uns beide.

Das Essen war nicht gut dort. Es wurde von einem Caterer geliefert und war recht fett und nicht ganz mein Ding, wobei Geschmäcker ja auch verschieden sind. Satt wurde man allemal. Mit meiner Bettnachbarin, die am nächsten Tag bereits entlassen wurde, ging ich also nach unten und wir hatten noch einen netten Nachmittag zusammen.

Am nächsten Tag verabschiedeten wir uns und kurze Zeit später erhielt ich eine neue Bettnachbarin, dieses Mal eine ältere Dame, die wirklich herzig war. Wir hatten sofort Spaß miteinander. Gingen zusammen essen und schauten zusammen fern. Sie sollte ebenso wie ich, am Freitag in den OP. Sie war sehr aufgeregt, aber ich konnte sie beruhigen und sie winkte mir noch fröhlich zu, als es für sie um 8 Uhr losging. Ich sollte an sich direkt nach ihr dran sein, jedoch verschob es sich. Der Chirurg kam immer wieder zu mir aufs Zimmer und brachte mir jedes Mal die Mitteilung, dass es sich noch weiter verschieben würde, mittlerweile war es schon Mittag. Meine Bettnachbarin wurde irgendwann wieder aufs Zimmer gerollt und sie fragte mich, ob ich auch schon wieder da sei. Nein, das war ich nicht, ich war noch nicht einmal rausgerollt worden. Um 13 Uhr kam der Chirurg erneut, setzte sich auf mein Bett und sagte, eigentlich habe er nun Wochenende, aber würde noch warten, dass wir einen OP bekämen, das habe er mir doch versprochen. Das Personal in Düsseldorf war unglaublich freundlich und ich bedankte mich von Herzen, dass er meinetwegen auf seinen Feierabend verzichtete. Wir unterhielten uns noch eine gute Stunde und dann wollte er nochmal nach dem OP schauen. Es zog sich wie Kaugummi, ich wurde genervt, denn ich hatte enormen Hunger, durfte aber ja immer noch nichts essen und auch nur ab und zu einen Schluck Wasser trinken. Um kurz vor 17 Uhr kam der Chirurg wieder zu mir, es wäre immer noch kein OP frei und, wenn nicht in der nächsten halben Stunde einer frei würde, dann wäre der Anästhesist auch weg und wir müssten das Ganze auf Montag verschieben. Meine Laune sank, aber ich versuchte fröhlich zu antworten, dass es dann halt so sei, wäre ja nicht seine Schuld.

59

In dem Moment kam die Schwester ins Zimmer gestürmt, sie war ganz aufgeregt, es hätte eben der OP angerufen, es könne losgehen. Der Arzt sprang begeistert auf, rief mir noch zu "bis gleich" und rannte los, um sich umzuziehen. Die Schwester schob mich aus dem Zimmer und auf dem Flur angekommen, hörte ich, wie ein anderer Arzt darum bat, rasch vorbeigehen zu dürfen, da Frau Lüttmann gleich doch nicht operiert würde und er dabei sein wolle. Die Schwester gab zur Antwort, dass sie mich gerade hier im Bett dorthin schieben würde. Wir lachten über diesen Zufall und der Arzt übernahm das Bett und schob mich so wie er war in den OP-Bereich. Er war bereits im Auto gewesen und man hatte ihn angerufen, da war er sofort zurückgeeilt und lief nun in Straßenklamotten mit mir in den OP. Dort angekommen übergab er mich dem Anästhesiepfleger, der mir einen neuen Zugang legen sollte, während um mich herum die Ärzte sich umzogen und wie wild alles vorbereiteten. Der Pfleger war sehr nervös, er traf nicht richtig, daher übernahm der Chefanästhesist dann die Arbeit. Ein auf den ersten Blick sehr rumpeliger Mann, er war der einzige, der schon angezogen war, er entschied, dass er mich erstmal direkt in den OP schob und

60

dort dann mit seiner Arbeit weitermachen wollte. Es ging sehr lustig zu, der OP war ja fast noch neu und er beglückwünschte mich, dass ich die erste Patientin sei, die diesen OP im wachen Zustand sehen würde und dann stellte er sich mir auch vor. Man gab mir dies zu halten und dann dort zu drücken, alle machten mit, um mich herum liefen 6 Ärzte und Pfleger und alle hatten sie gute Laune, obwohl sie nun meinetwegen auf Feierabend verzichteten, dafür war ich äußerst dankbar und ich fühlte mich in besten Händen.

Beim Einleiten der Narkose brachte ich den Anästhesisten noch etwas zur Verzweiflung, als ich bei den ersten beiden Spritzen keine Wirkung bekundete, ich hatte aber zu dem Zeitpunkt auch schon etwa 10 OPs hinter mir, erst bei der dritten Spritze könnte ich verkünden, dass es nun losgehen könne. Obwohl der Start für diese OP etwas konfus war, die OP lief bestens, ich war innerhalb einer Stunde wieder wach und man brachte mich direkt aus dem OP wieder aufs Zimmer. Für diese Aktion und die Mühe, die sich dort alle mit mir gaben, bin ich heute noch unendlich dankbar!!!

Auf dem Weg zurück aufs Zimmer freute ich mich schon auf mein Essen, hatte ich doch nun 24 Stunden schon nichts mehr gehabt. Ich fragte die Schwester unterwegs, was sie denn Feines für mich habe, ihre Antwort war "Nichts". Ich muss dazusagen, dass diese Schwester und ich im Vorfeld Späße darüber gemacht hatten, nun aber hatte ich Hunger und mir war nicht zum Spaßen. Sie aber meinte, es täte ihr unendlich leid, sie habe wirklich nichts. Der Caterer habe kein Essen gebracht, obwohl neun Essen bestellt gewesen waren, kam kein Essen und eine hauseigene Küche hatte die Klinik nach dem Neubau auch nicht mehr. Fatale Lage für mich, mit Hunger werde ich ungenießbar. Also stand ich direkt auf, als ich auf dem Zimmer war und begab mich auf den Flur, wo ich dann von Tür zu Tür ging und fragte, ob noch jemand etwas an Keksen oder Äpfeln habe. Ich bekam tatsächlich etwas Schokolade und einen Apfel, wunderbar. In der stationseigenen Cafelounge gab es seinerzeit kostenlosen Kaffee, Cappuccino und ähnliches. Da meine Bettnachbarin von der OP sehr müde war, ich jedoch sehr fit, begab ich mich also in die Lounge und verspeiste dort meine ergatterten Köstlichkeiten mit jeder Menge Kaffee und heißer Schokolade. Während ich mit

62

Heißhunger die Sachen aß, kam eine Frau in meinem Alter in die Lounge, sie schleppte einen Tropfständer mit sich herum, und setzte sich an den Nebentisch, nachdem sie sich einen Kaffee gezogen hatte. Höflich, wie ich nun mal bin, bot ich ihr von meiner Schokolade an, aber sie lehnte ab. Es war nun schon kurz vor 21 Uhr und außer uns war keiner mehr auf den Fluren zu sehen. Wir kamen ein wenig ins Gespräch. Sie hieß Angelika und lag mit einer Entzündung auf der anderen Station, die an die meine angrenzte. Nach einer Weile, in der wir über alles Mögliche gesprochen hatten, fragte sie, ob ich mit ihr nach draußen gehen wolle, sie würde gerne eine rauchen. Ich rauchte nicht, aber gern begleitete ich sie, war ich doch noch immer putzmunter von der Narkose, an Schlaf war gar nicht zu denken. Also gingen wir los, ich noch immer etwas krumm von dem Eingriff und Angelika etwas langsamer wegen ihres Tropfes. Im Normalfall wählte ich stets die Treppe, aber mit dem Tropfständer war das etwas problematisch und so fuhren wir mit dem Aufzug abwärts, Angelika wusste, wo man abends am besten noch rauskonnte. Wir steuerten eine Nebeneingangstür an und ich fragte sie, ob wir da auch wieder reinkämen, "aber klar" sagte Angelika,

63

"hier gehe ich immer raus und komme auch immer wieder rein". Also öffnete ich uns die Tür und schaute Angelika beim Rauchen zu. Neugierig, wie wir waren, erkundeten wir die umliegenden Gebäudeteile, erspähten Container mit Restmüll vom Neubau und näherten uns dem ehemaligen Klinikgebäude, das nun einen traurigen Anblick bot. Wir entschlossen uns, wieder auf die Station zu gehen und dort noch einen weiteren Kaffee zu trinken. Ich zog also am Türgriff und es passierte… nichts! Die Tür war zu. Wir schauten uns entsetzt an. Angelika beteuerte, dass die Tür immer offen gewesen sei, aber sie war zu, alles rütteln half nichts. Wir spähten durch die Scheiben, um jemanden zu sehen, der sie uns vielleicht von innen her öffnen könnte. Aber wie das mit solchen Nebentüren ist, es herrschte Stille in der Dunkelheit, keine Menschenseele zu sehen. Es half nichts, wir machten uns auf den Weg um die Klinik zum Haupteingang. Laufen Sie mal nachts im Dunkeln um eine Klinik, da merkt man erst, wie groß so ein Gebäude ist. Aber wir hatten auch dabei unseren Spaß, schauten ein wenig in die Fenster und kicherten wie kleine Mädchen auf verbotenem Nachtspaziergang und erreichten den Haupteingang, den wir wie das Tor zum

Himmel betraten, es war hell und warm und die nette Empfangsdame an der Rezeption begrüßte uns freundlich. Wir erklärten ihr unsere missliche Lage, zeigten unsere Bänder vor und bekamen Einlass gewährt. Sie erzählte uns, dass es seit der Neueröffnung noch einige technische Probleme gab, unter anderem öffneten sich nicht immer alle Türen. Wir kamen also mit der freundlichen Frau ins Plaudern, erfuhren, dass wir der Ordnung nach keine Patienten sondern Gäste waren, worüber Angelika und ich herzlich lachen mussten, jedoch bei genauerer Betrachtung hatte das Krankenhaus durchaus den Flair einer großen Hotelanlage, was sicherlich auch förderlich für die Genesung der Patienten, äh, Gäste war.

Als wir auf die Uhr schauten stellten wir mit Entsetzen fest, dass es bereits 23 Uhr war, wir mussten schnell wieder auf die Station zurück und verabschiedeten uns von der Empfangsdame, steuerten auf den Aufzug zu und kamen ohne weitere Irrwege wieder auf unserer Station an. Dort empfing uns die Nachtschwester mit den Worten "Sind da noch mehr?". Dies löste wieder einen Lachreflex bei uns aus, was die Schwester nur noch mehr verärgerte. Ich wollte einlenken, denn sie tat mir ja auch leid, da sie nachts allein Dienst tat auf eineinhalb Stationen, und fragte "mehr von was?". "Patienten" herrschte sie mich an. "nein, wir haben keine weiteren gesehen, aber vielleicht haben die sich auch ausgesperrt und laufen nun noch um Krankenhaus". Die Laune der Schwester war am Gefrierpunkt, sie redete wild drauf los, dass eine junge Patientin verschwunden sei, sie müsse den Oberarzt informieren. Nicht gut, dachten wir und versuchten zu helfen. Wir fragten und dachten laut, nur wollte die Schwester unsere Hilfe augenscheinlich nicht haben, also setzten wir uns wieder in die Lounge. Dort zeigte Angelika mir Bilder auf ihrem Handy, sie hatte WhatsApp, das kannte ich bis dahin gar nicht, und sie installierte es auf meinem Smartphone. Wir tauschten auch direkt unsere Telefonnummern aus und lachten bis wir Bauchschmerzen hatten.

Die Nachtschwester verzweifelte immer mehr an der verlorenen Patientin. Ich versuchte erneut, zu helfen, fragte, ob sie ihre Sachen denn mitgenommen habe, ihre Antwort war, dass sie wohl einen Teil ihres Gepäckes mitgenommen hatte. Es war kurios, und die Schwester tat uns immer

66

mehr leid. Sie war die ganze Zeit mit so vielen Arbeiten beschäftigt und dann das noch. Wir konnten ihr leider nicht helfen und nachdem es nun schon 1 Uhr nachts war, wollten wir dann auch mal zu Bett gehen. Angelika und ich verabredeten uns für den nächsten Morgen zum Frühstück in der Kantine. Danach ging ich in mein gegenüberliegendes Zimmer, schlich mich hinein, um meine Bettnachbarin nicht aufzuwecken und Angelika ging zurück auf ihre Station. Gerade als ich eingedummelt war, wurde ich von der Nachtschwester geweckt, sie schüttelte mich "Frau Lüttmann, Frau Lüttmann, sie ist wieder da", im ersten Moment wusste ich gar nicht, was sie wollte, aber dann begriff ich, sie freute sich wirklich und irgendwie fand ich es auch niedlich, dass sie mich deswegen extra wieder geweckt hatte. Am nächsten Morgen erzählte ich Angelika davon, sie lachte laut und klärte mich dann auf: sie war die Patientin gewesen, die wir die ganze Zeit gesucht hatten!! Dabei saßen wir doch direkt neben der Schwester. Aber diese hatte meine Geli nur im Liegen gesehen und sie dabei für jünger gehalten. Die Welt war wieder in Ordnung und Geli und ich hatten fortan zur Nachtschwester ein sehr gutes Verhältnis. Sie wirkte oftmals etwas harsch,

67

aber das lag nur an der vielen Arbeit in der Nacht, denn eineinhalb Stationen zu stemmen, das ist schon eine Aufgabe. Sie war eine herzensgute Person und wir freuten uns jeden Abend, sie zu sehen und schnackten dann auch stets mit ihr. Inzwischen ist das Personal aber aufgestockt worden.

Geli blieb noch bis Montag in der Klinik, wir haben in den zwei Tagen noch einiges an Blödsinn ausgeheckt. Wir haben eine Modenschau für Sportbustiere veranstaltet zum Spaß der Schwestern und Ärzte, sind den ganzen Tag mit dem Aufzug gefahren und haben die Mitpatienten zum Lachen gebracht. Es war eine großartige und wilde Zeit in der Klinik, wobei ich auch sehr gerne an "unsere Königin Mutter" denke. Eine vornehme Dame aus Malaysia, die ebenfalls an Brustkrebs erkrankt war kam nach Düsseldorf zu dem exzellenten Arzt und brachte ihre Dienerin und einen Übersetzer mit. Ich taufte sie "Königin Mutter", weil sie schon sehr speziell war. Im Grunde waren wir doch alle gleich, kein Geld der Welt kann einen vor dem Krebs beschützen, und doch gibt es Menschen, die meinen, dass wir Kassenpatienten nicht die gleichen Rechte haben sollte, wie Privatpatienten. So etwas verärgert mich sehr, wir alle haben das gleiche Recht auf Leben!!! Der Chefarzt war dabei ein sehr toller Vertreter seiner Zunft, ihm lag an allen Patienten das gleiche Wohl. Ich hatte, dadurch, dass ich sehr früh aufstand und jeden Morgen die Zeit bis zur Visite überbrücken musste, die ich in der Lounge verbrachte, einige gute Gespräche mit dem Doktor. Er war so höflich und warmherzig. Ihm gehörte die Abteilung plastische Chirurgie, dennoch fragte er, ob er sich setzen dürfe. Wir führten qualitativ hochwertige Gespräche, die ich sehr genoss. In meinen letzten Tagen auf der Station setzte er sich jeden Morgen kurz zu mir. Dass man nicht nur ein Patient ist, sondern auch ein vollwertiger Mensch weiterhin, das ist das, was man sich von seinem Arzt wünscht und das hatte ich in Düsseldorf. Ich kann diese Klinik nur jedem empfehlen.

Nur das Essen, das war damals nicht so gut, aber Bernd, der Mann von Geli, der brachte uns an einem Tag das weltbeste Mittagessen, um das uns sowohl die Mitpatienten als auch die Schwestern beneideten. Bernd roch auch immer so gut und immer, wenn er Geli besuchte, fragte ich sie, ob ich mal an Bernd schnuppern dürfe. Das wurde unser Insider. Als Geli dann entlassen wurde, kam sie sich noch verabschieden und Bernd hatte eine Überraschung für mich dabei, drei Tüten mit Kosmetikpads, alle mit den Düften von Bernd eingesprüht. Wir haben so gelacht und befanden die Idee so toll, dass wir mit "Bernd in Tüten" in Produktion gehen sollten. Dies Gespräch fand in der Lounge statt, in der zur gleichen Zeit eine Psychologin mit einigen Leuten sprach, ihr Blick war unbezahlbar. Wir haben so viel zusammen gelacht und uns war klar, wir müssen den Kontakt beibehalten.

Geli und ich haben bis heute Kontakt, wir sind wie Zwillingsschwestern, auch, wenn wir uns fast nie sehen, wir sind für immer verbunden. Das war für mich doppelt wichtig, denn meine Freundin Thea hatte sich bei der Trennung auf Huberts Seite geschlagen, das tat damals sehr weh. Nun hatte ich eine neue Freundin gewonnen, eine Freundin, die ich ohne den Krebs nie kennengelernt hätte.

Neustart

Nachdem meine liebe Geli entlassen worden war, hatte ich noch 2 weitere Tage viel Spaß mit netten Mitstreiterinnen, aber dennoch wollte auch ich nun wieder nach Hause, zurück ins Leben.

Der letzte Schlauch von den fünfen wurde gezogen und am nächsten Tag durfte auch ich das Krankenhaus verlassen. Man sollte meinen, ich hätte meine Tasche geschnappt und wäre gegangen, aber es vollzog sich doch eher eine Art Abschiedszeremonie von den Schwestern, die so furchtbar klasse gewesen sind, und einigen anderen Patienten, immerhin teilten wir das gleiche Leid. Aber ebenso freute ich mich auf Zuhause.

Ich wohnte weiterhin bei meinem guten Freund, das war nur keine Dauerlösung, denn zum einen wollte ich nach der Trennung von Hubert nun wieder frei sein und zum anderen machte der Freund sich ein wenig Hoffnung, eine Hoffnung, die ich nicht erwidern konnte, da ich durch den Kampf gegen den Krebs viel Kraft verbraucht hatte und mich nun auch erst einmal neu ins Leben finden musste. Der Wunsch nach einer eigenen Bleibe wuchs und so suchte ich im Internet nach Wohnungen, die ich auch bezahlen konnte, denn durch meine lange Krankheit bezog ich nun Krankengeld und die Trennung von Hubert, die zu einer Art Rosenkrieg geworden war, musste ich ganz von vorn anfangen. Statt aber darüber traurig zu sein, sah ich es als völligen Neustart, das Leben lag doch noch vor mir, ich war doch erst gerade 40 geworden. Mein Plan war, eine Wohnung zu finden und sobald alles verheilt ist, wieder zurück in die Fitnessbranche zu gehen, denn das war doch immer mein Leben gewesen, dort war ich glücklich. Ein Schritt nach dem anderen, das hatte mich der Krebs gelehrt, also erstmal die Wohnung.

Die Wohnungssuche gestaltete sich schwieriger als ich gedacht hatte. Vielleicht waren aber meine Ansprüche auch zu hoch. Meine Vorstellung war eine kleine Wohnung, gern mit einer Terrasse und weniger gern in einem großen Mehrparteienhaus, dazu sollte sie natürlich auch bezahlbar sein. Ich schaute bei Maklern, im Internet und sogar in der Zeitung, aber es fand sich einfach nichts. Geduld war leider nie so meine Stärke gewesen, und ich wurde unzufriedener.

Eines Tages fuhr ich in den Ort, um etwas zu erledigen und sah zu meiner Linken ein Schild in einem Fenster "zu vermieten" mit Telefonnummer, keine weiteren Angaben. Ohne zu überlegen bremste ich, holte mein Smartphone raus und rief die angegebene Nummer an. Eine nette Frau meldete sich, die Wohnung war noch zu haben, ich war begeistert und wollte gleich morgen zur Besichtigung kommen. Wir waren um 11 Uhr am Folgetag verabredet, ich war mir da schon sicher, dass ich die Wohnung haben wollte, obwohl es nichts Besonderes war, aber ich mochte den alten Baustil des halben Häuschens. Mich begrüßte ein herziges älteres Ehepaar, wir mochten uns auf Anhieb und innerhalb von 15 Minuten war klar, dass ich die neue Mieterin des kleinen halben Häuschens bin, mein Glück war unbeschreiblich, denn es war eine wunderschöne Wohnung mit einem kleinen Gärtchen im Hinterhof und einer Art Garage, perfekt für mich, zumal der Preis extrem günstig war. Wir machten den Mietvertrag gleich vor Ort perfekt.

Meine Vermieter waren noch dabei, das Häuschen ein wenig zu renovieren, daher konnte ich erst zum nächsten ersten einziehen, durfte aber schon ab sofort

Sachen darin lagern. Nur welche? Ich hatte doch kaum noch etwas. Aber IKEA und einem früheren Freund von mir sei Dank, habe ich in 2 Stunden meine Einrichtung gekauft, meinem neuen Leben stand nun nichts mehr im Wege.

Neben diesen profanen alltäglichen Dingen musste ich weiter regelmäßig zum Onkologen, dort bekam ich eine Infusion für ein weiteres Jahr, da mein Krebs hormonell bedingt war. Diese ständigen Termine beim Onkologen, Gynäkologen und Kardiologen bestimmten meinen Alltag, etwas nervig, aber man gewöhnt sich daran, denn das ist der Preis fürs Leben und es könnte auch immer schlimmer sein.

Nachdem ich eingezogen war, fühlte ich mich schnell zu Hause. Es war ein neues Gefühl für mich, denn mein Leben lang bin ich rastlos umhergezogen, erst durch den Krebs merkte ich, wie sehr ich mir ein Zuhause gewünscht hatte, einen Ort, an dem ich bleiben konnte. Ich kann ehrlich behaupten, der Krebs hat mich sesshaft gemacht. Mein Krankengeld lief weiterhin und ich gönnte mir etwas Zeit, um zur Ruhe zu kommen, denn seit nun mehr einem Jahr war ich mit dem Krebs beschäftigt und auch sonst war sehr viel passiert, dass ich erstmal für mich wechseln musste. Anfang des neuen Jahres, wir waren nun schon im Jahr 2013, beschloss ich, wieder in das Arbeitsleben zurückzukehren. Wie bereits erwähnt, wollte ich zurück in die Fitnessbranche, nur war das derzeit nicht so einfach. Früher war ich damit selbständig gewesen, mein absoluter Traum, aber dafür fehlte mir einfach derzeit das Geld. Zusätzlich musste ich bedenken, dass ich durch die Krankheit, auch, wenn man sie mir nicht ansieht, dennoch angeschlagen war und jeder Selbständige weiß, dass eine Krankheit die berufliche Existenz zerstören kann. Mit einem sehr guten Freund, der mir seit vielen Jahren, auch in der Zeit des Krebses mein bester Ratgeber gewesen ist, überlegte ich hin und her. Wir kamen dann zu dem Schluss, dass eine Umschulung fürs erste das Beste sein würde, sie würde mich absichern. Also suchte ich nach etwas Solidem für mich, ein Beruf, mit dem ich hinterher auch flexibel arbeiten könnte. Die Wahl fiel auf Steuerfachangestellte. Es folgten Bewerbungen, aber keiner wollte mich, ich war vielen zu alt, oder wegen der Behinderung durch den Krebs nicht tauglich oder es passte eben einfach nicht. Ein harter Schlag... Als ich fast schon aufgeben

75

wollte, da meldete sich ein Steuerberater bei mir, der mich auch ohne ein persönliches Gespräch als Umschülerin einstellen wollte. Ich freute mich riesig, denn wir kamen gleich gut miteinander aus. Aber bevor ich diese Umschulung antreten konnte, musste ich noch eine Hürde nehmen... die Rentenversicherung machte das OK für die Umschulung von einer Rehamaßnahme ab. Ich war enttäuscht, sauer und wollte das nicht, denn wir hatten doch schon Juli und im August sollte es losgehen, den Vertrag hatte ich doch schon in der Tasche. Aber alles Weigern half nichts, ich musste die Reha mitmachen, die Rentenversicherung wollte damit sicherstellen, dass ich nach dem Krebs sowohl körperlich als auch psychisch stabil genug wäre, um sie mit Erfolg abschließen zu können. Nur lief mir die Zeit davon und ich Gefahr, dass ich nach dem Krankengeld auf Hartz4 fiele, damit hätte ich meine Wohnung nicht mehr bezahlen können, es war eine fatale Situation.

Die Anträge für die Reha wurden schnell bearbeitet, ich rief beinahe täglich dort an und erklärte immer und immer wieder meine existentielle Notsituation, ebenso erklärte ich meinem Ausbilder, dass ich erst im September beginnen könne, was für ihn keinerlei Problem darstellte, er war ein verständnisvoller Mensch.

Die Rehaeinrichtung gab mir einen Termin im August. Ich fuhr also mit viel Widerwillen Richtung Bad Oeynhausen, bei der Wahl hatte ich kein Mitspracherecht, obwohl ich von anderen gehört hatte, dass sie sich drei Kliniken aussuchen konnten, mir war das aber auch egal, ich wollte es nur hinter mich bringen. 3 Wochen Reha standen mir nun bevor.

Rehabilitation

Die Rehaeinrichtung lag oberhalb von Bad Oeynhausen, weitab des Trubels des Kurortes, in dem viele verschiedene Rehazentren angesiedelt waren. Meine Rehaklinik hatte sich auf Onkologie spezialisiert und war als eine von wenigen in privater Hand. Mein Weg zur Klinik führte mich also aus Oeynhausen heraus, immer weiter einen Hügel hinauf, es gab nur noch wenige Häuser und oberhalb konnte ich das Wiehengebirge sehen. Hier konnte doch nichts mehr kommen, dachte ich, fuhr aber den Angaben meines Navis nach weiter und als ich dann noch einmal links abbog, da sah ich die Klinik. Ein großes Gebäude, das aus vielen verschiedenen Einzelgebäuden unterschiedlicher Baujahre bestand, die sich aber in einem stimmigen Bild zusammenfügten. Ich staunte nicht schlecht. Der Haupteingang lag in einem sehr schön gestalteten Innenhof mit einem kleinen Koiteich. Mein Widerwille war nach wie vor präsent, ließ sich aber etwas von dem Anblick der Anlage besänftigen, und so parkte ich vor dem Eingang und betrat das Foyer. Es war umwerfend schön eingerichtet, überall sah man schöne Sitzgruppen, Pflanzen, alte Gemälde und antike Möbelstücke. Ich fühlte mich wie in einem 5-Sterne-Hotel. Auch die Rezeption hatte nichts von einer Klinik. Das Personal begrüßte mich und man nahm meine Daten auf. Noch war ich aber nicht gewillt, die Reha auch zu machen, für mich war es nur ein Muss, um meine Umschulung zu bekommen, dennoch ließ ich mich von der netten Dame in einen Nebenraum geleiten, wo man mich abholen würde, um mir mein Zimmer zu zeigen. Es herrschte ein geschäftiges Treiben im Eingangsbereich, trotzdem strahlte das Ganze eine Ruhe aus, die wohltuend war. In dem Nebenraum saß ich erst allein und wartete mit einem mir angebotenen Kaffee auf das, was da kommen möge. Kurze Zeit später trat eine weitere Frau in den Raum, schaute sich kurz um und fragte, ob sie sich zu mir setzen dürfe. Wir wussten beide nicht, was uns in den nächsten drei Wochen erwarten würde und so tat es gut, dass wir da nicht allein warten mussten. Nach ein paar Worten fragte die Frau mich, ob ich aus dem Ammerland käme, ich war überrascht, "hört man das", sie lachte, "ja, ich komme gebürtig aus Westerstede". Mit dieser Gemeinsamkeit brach das Eis vollends und wir sabbelten frei drauf los. Sie hieß Silke, so wie ich, es wurde immer besser.

Natürlich sprachen wir auch über unseren Krebs, aber es war anders, als ich das sonst kannte, selbstverständlicher und auf gewisse Art normal. Als ich dann abgeholt wurde, um mir mein Zimmer zu zeigen, verabredeten wir uns für später.

Ich folgte der jungen Frau zu meinem Zimmer, wir gingen viele Gänge entlang, ich dachte, "das werde ich mir nie merken können", es ging weiter und weiter, bis wir im Südflügel ankamen, es war der Neubau der Klinik, der aber durch so eine tolle Bautechnik mit den anderen Gebäuden verschmolz, dass man gar nicht das Gefühl hatte, einen neuen Gebäudetrakt betreten zu haben. Hier war es etwas moderner eingerichtet und mein Zimmer, das war einfach nur eine Wucht. Sehr groß, mit einem hellen und schönen Bad und einem Ausblick auf die Felder. Mein Widerwille war verflogen, ich fühlte mich wie im Urlaub, alle Last der vergangenen Monate fiel ab. Nachdem mir das Zimmer gezeigt worden war, bekam ich noch einen kurzen Plan, der besagte, dass am Nachmittag, nachdem die Neuankömmlinge die Untersuchungen hinter sich gebracht hatten, die Anlage gezeigt würde mit einem Rundgang und Kennenlernen. Ich holte mein Gepäck aus dem Wagen, parkte ihn dann auf dem großen Parkplatz und begab mich noch etwas suchend zurück auf mein Zimmer, wo ich mich dann erstmal duschte, dann meinen Termin beim Arzt wahrnahm, um mittags dann meine erste Mahlzeit im großen Speisesaal einzunehmen. Die Klinik hat ein Konzept entwickelt, Jung und Alt in einen Saal zu bringen. Dabei hat jeder einen festen Platz an einem Tisch in seiner Altersklasse. Mit meinen 41 Jahren gehörte ich in die 30 plus Gruppe. Diese hatte ihre Tische direkt neben den 18-30-Jährigen und es saßen immer bis zu 12 Personen an einem Tisch. Der Herr im Speisesaal fragte nach meinem Namen, schaute in sein schlaues Buch und geleitete mich zu Tisch 19. Hier saßen bereits ein paar Leute und ich bekam meinen Platz zugewiesen. Als Betroffener von Krebs erkennt man sich generell sofort, man ist wie eine eigene Spezies, und hier waren nur Krebspatienten, aus den verschiedensten Regionen Deutschlands. Bei den 30 plus-Leuten waren wir von 30-52 Jahren. Alle ab 52 saßen dann ein Vierertischen. Man nahm mich gleich mit in die Gruppe am Tisch auf, fragte mich aus und erzählte von sich, es war, als ob man sich schon kannte. Ich fühlte mich aufgehoben und lachte wie

81

schon lange nicht mehr. Das Essen wurde mittags an den Tisch gebracht und da ich an dem Tag erst angereist war, konnte ich nicht auswählen, aber es schmeckte köstlich. Während des Essens kam dann eine Mitarbeiterin und gab mir einen Wochenplan, aus dem ich täglich eine Mittagsmahlzeit wählen konnte, sie nahm sich die Zeit, mir alles bezüglich des Essens zu erklären. Die Tischnachbarn, die bereits im Reha-Alltag steckten, waren recht schnell wieder weg, da sie allesamt einen vollen Terminplan hatten. Ich blieb noch eine Weile sitzen, betrachtete das Getümmel und mein Widerwille hatte endgültig verloren, ich freute mich, da zu sein.

Nach dem Essen erkundete ich ein wenig auf eigene Faust das Gelände, entdeckte einen kleinen Kiosk mit Kaffee im Gebäude und gönnte mir einen Latte Macchiato. Hier traf ich dann auch Silke wieder und wir waren beide sehr begeistert, eine schönere Rehaeinrichtung hätten wir nicht finden können. Ich ging danach nochmal auf mein Zimmer, packte den Rest aus und marschierte dann zum Neuankömmlinge-Rundgang, mein erster fester Termin. Dass die Klinik groß war, war auf den ersten Blick zu erkennen, aber wie viele Räumlichkeiten sich in ihr verbargen, das zeigte man uns dann bei einem eineinhalbstündigen Rundgang. Wo man auch entlang lief, es standen überall Sessel, alte Stühle, antike Tische und das Auge fand immer etwas Neues. Ich war durchaus schon in schicken Hotels gewesen, aber dies toppte alles bisher Gesehene, die Klinik war einfach ein Traum.

Während des Rundgangs schaute mich ein Mann meines Alters immer wieder an, suchte meinen Kontakt, ich beachtete das aber gar nicht weiter, sondern knüpfte erste Kontakte zu anderen Neuankömmlingen. Im Anschluss an den Rundgang stand das Abendessen auf dem Programm. Es war ein Dienstag und so gab es abends als Highlight Pizza. Jeden Abend gab es ein anderes Highlight in der Woche, das Ganze in Buffetform. Frisches Gemüse, Salate, Brote, Auflagen, Obst, das Essen war sehr abwechslungsreich und gesund, da es uns Kranke ja auch wieder fit werden lassen sollte. Wir strebten also wieder Richtung Speisesaal, erstaunt über die vielen Menschen im Saal und, dass es trotz dieser hunderten von Menschen dennoch ruhig zuging. Ich begab mich erstmal wieder an meinen Tisch, dort saß bereits der Mann vom Rundgang, und zwar mir gegenüber. Nachdem ich mir den Ablauf erstmal angesehen hatte, mischte ich mich unters Volk und wählte aus dem Buffet aus. Das Essen ging lustig zu. Die "Älteren" erklärten uns Neuen, dass jeden Dienstag eine Veranstaltung für die 30 Plus-Leute stattfinde, man müsse sich in eine Liste eintragen. Es gab Bowling, Segway, Kochen, Ausflüge, das alles fand immer am Dienstagabend statt. An diesem Dienstag waren schon die begrenzten Plätze belegt, aber ich war entschlossen, in der nächsten Woche mitzumachen. Nun hatte ich also den Abend frei, aber das Wetter war zu schön und ich zu aufgeregt, um aufs Zimmer zu gehen und so schlenderte ich also über die Anlage. Dort traf ich dann wieder auf den Mann von meinem Tisch. Wir kamen ins Gespräch, er hieß Lars und war in meinem Alter, verheiratet, ein Kind und wusste mit seinem Abend nun auch nicht so recht etwas anzufangen. Also gingen wir zusammen durch die Anlage, fanden einen Getränkeautomaten, an dem es Wein gab und gönnten uns ein Gläschen. Ich hatte meinen zweiten Wegbegleiter gefunden. Der Abend ging sehr schnell rum und wir stellten fest, dass wir beide im Südflügel

84

wohnten und begaben uns also gemeinsam zu unseren Zimmern. Fortan traf man Lars und mich eigentlich nur noch zusammen an, wir wurden schon als Ehepaar gesehen, aber es war nur rein platonisch. Wir hatten gleiche Interessen, fuhren gemeinsam zum Stadtfest in Oeynhausen und unternahmen auch sonst alles gemeinsam. An unserem Tisch 19 entstand generell eine tolle Gemeinschaft, wir ließen keinen Spaß aus, trafen uns abends zum Reden oder Tischtennis spielen oder Schwimmen. Und man ulkte, dass wenn man mich suchte immer da hin gehen sollte, wo gelacht würde, da wäre ich. Und wenn man Lars suchen würde, sollte man dorthin gehen, wo gelacht würde, da wäre ich, und wo ich wäre, da wäre Lars auch.

Tagsüber hatten wir alle viele Termine. Unsere Laufzettel waren randvoll, Ziel war es, dass wir wieder in den Alltag integriert werden können. Anwendungen, Vorträge und die Mahlzeiten waren streng getaktet. An einigen Tagen rannte ich im Tiefflug von einem Ende der Anlage zur anderen, um noch pünktlich zu den Terminen zu sein. Das erweckte bei einigen wohl den Eindruck, dass ich dort arbeitete und mir passierte es sehr oft, dass ich von Patienten gefragt wurde, wo dies oder das sei oder ob ich einen Kurs leitete. Ich half, wo ich nur konnte, wenn ältere Patienten ihren Weg nicht fanden und nach einer Woche grüßten mich viele Leute mit "Hallo Silke". An meinem Tisch wurde dies auch bemerkt und man lachte schon und meinte, ich würde ja schon 80% der Leute kennen, "Irrtum, ich kenne die nicht, aber 80% der Leute kennen mich anscheinend" gab ich lachend zurück. Es war unverkennbar, ich fühlte mich superwohl dort, ich war kein Außenseiter mehr mit Krebs, es gab so viele von uns und einigen davon ging es leider auch sehr schlecht. Das Gefühl, nicht allein mit dem Krebs zu sein, gab mir neue Kraft. Wir gingen alle sehr robust miteinander um, Mitleid gab es nicht, wir wollten alle normal behandelt werden, das war genau nach meinem Geschmack.

Nun saß mir aber weiterhin der Zeitdruck im Nacken, meine Umschulung noch anfangen zu können und so sprach ich dann bei einem Psychologen vor, ob er mir einen Bescheid erstellen könne, dass ich für die Umschulung tauglich sei und ob ich die Reha verkürzen könne um eine Woche, damit mir die Zeit nicht wegliefe. Es war ein Dilemma, denn ich wollte mir ja zukünftige

Rehas nicht verbauen mit einer Verkürzung, aber von der Umschulung hing doch auch meine Existenz ab. Nach dem Gespräch konnte ich dann tatsächlich verkürzen, ohne, dass ich davon später Nachteile habe. Einerseits freute mich das, andererseits hatte ich mich so gut eingelebt, dass ich gar nicht wieder weg wollte. Aber es half nichts und meine Strafe habe ich dann auch bekommen, dass ich am Segway-Fahren nicht mehr teilnehmen konnte, das ärgert mich bis heute.

An meinem letzten Abend an meinem Tisch waren alle betrübt, dass ich am nächsten Tag abführe, auch ich war sehr traurig und verdrückte ein paar Tränen, ich mochte meine Leute vom Tisch und auch viele andere sehr. Wir verabschiedeten uns nach dem Frühstück, Lars brachte mich noch zum Wagen, es war eine tränenreiche Abfahrt. Trotz dem wir uns so gut verstanden hatten, waren wir uns alle einig, dass wir keinen Kontakt außerhalb der Reha beibehalten wollten, es wird sonst einfach auch Zuviel und jeder kehrt schließlich in sein Leben zurück. Ich rief nur wie versprochen am Abend nochmal kurz bei Lars an, dass ich gut angekommen sei und er sagte mir, dass bereits beim Mittagessen die Gemeinschaft zerbrochen sei. Ich fragte, was denn los sei, er sagte, "Du warst unser Mittelpunkt, diejenige, die alle zusammengehalten hat, ohne Dich haben wir uns nichts mehr zu sagen". Darauf wusste ich nichts mehr zu sagen, hoffte aber, dass er noch eine gute Zeit habe und er solle alle grüßen.

Im Nachhinein habe ich dadurch viel über mich gelernt, auch wenn ich seiner Äußerung zu der Zeit keinen Wert beimaß.

Selbstzerstörung

Nun fuhr ich mit einem weinenden und einem lachenden Auge wieder nach Hause. Auf dem Rückweg plante ich bereits meine bevorstehende berufliche Neuorientierung. Es war nun Ende Juli 2013 und ich hoffte, dass das OK der Rentenversicherung noch früh genug kam, so dass ich noch in diesem Jahr mit der Umschulung beginnen konnte, es stand und fiel mit der Dauer der Bearbeitung meiner Unterlagen.

Zu Hause angekommen war es erstmal ungewohnt, es herrschte absolute Stille in meiner Wohnung, kein Gewusel und Stimmengewirr wir in der Reha, auch hatte ich keinen Plan, was ich nun wann zu machen hatte. Also kochte ich mir einen Kaffee und erstellt mir selbst einen Aufgabenplan für den Rest der Woche. Den Anruf bei der Rentenversicherung plante ich jedoch erst für die Woche darauf, da diese ja auch erst den Bericht aus der Reha erhalten musste. So verging der Rest der Woche mit der Eingewöhnung in meinen Alltag.

Am Ende der Woche kam dann aber völlig überraschend das Schreiben von der Rentenversicherung, in der meine

Umschulung und die Übernahme der Kosten bewilligt worden war. Ich hopste vor Freude, war überglücklich. Diese frohe Kunde teilte ich sofort meinem Ausbilder mit, der sich ebenfalls sehr darüber freute und wir vereinbarten, dass ich bereits in der übernächsten Woche starten wollte, auch, wenn die Umschulung offiziell erst für mich Mitte August losgehen würde. Ich wollte nun durchstarten.

Das Wochenende wollte ich noch ein wenig der Erholung dienen lassen, als ich am Samstag einen seltsamen Knubbel am Schulterbein ertaste, ich erstarrte... Das konnte doch nicht sein!!! Nein!, ich bildete mir das nur ein!!! Aber der Knoten war da, böse und gemein war er dort über Nacht aufgetaucht. Am Montag rief ich direkt bei meinem Onkologen an, der mich sofort herbestellte und meine böse Vorahnung bestätigte. Der Krebs war wieder da. Ich war sauer, das passte mir nun überhaupt nicht in meinen Zeitplan. Er vereinbarte für mich am nächsten Tag einen Termin bei der chirurgischen Ambulanz, wo der Knoten entfernt und anschließend zur Pathologie eingeschickt werden sollte. Der Eingriff fand unter örtlicher Betäubung statt, da ich schnellstens wieder zu Hause sein wollte, es gab doch noch so viel zu tun vor der Umschulung, das Ergebnis sollte in der Woche darauf da sein.

Da ich mich nicht davon ins Bockshorn jagen lassen wollte, begann ich meine Umschulung am Montag darauf. Mein Ausbilder war sehr freundlich und auch die junge Kollegin war eine Wucht. Man erklärte mir mit viel Geduld alles und ich fühlte mich siegessicher, dass ich die Umschulung schaffen würde. Das Ergebnis des Knotens erreichte mich dann am Mittwoch, es war bösartig, der Krebs war tatsächlich wieder da, innerhalb eines halben Jahres hatte ich neue Metastasen an den Lymphknoten, die zudem noch in Richtung Kopf gewandert waren, nicht gut. Ich war verzweifelt! Nicht, weil ich vielleicht nun sterben müsste, sondern weil ich doch die Umschulung machen wollte, daher nahm ich meinen ganzen Mut zusammen und rief meinen Ausbilder an, schilderte ihm die Lage, wobei ich das Ganze durchaus ein wenig herunterspielte, denn das war meine Art, damit umzugehen. Ich bräuchte ein paar Tage Zeit, das zu verdauen, möchte aber unbedingt die Umschulung machen, seine Antwort war "natürlich machen Sie die Umschulung bei mir, wir kriegen das

91

zusammen hin, nehmen Sie sich alle Zeit, die Sie brauchen, dann kommen Sie wieder und wir ziehen das durch", ich war zu Tränen gerührt, einen netteren Chef konnte man sich gar nicht wünschen in dieser Situation. Noch heute bin ich ihm dafür dankbar!

Danach machte ich einen weiteren Termin bei meinem Onkologen, wir mussten den Krebs doch erneut vertreiben. Mein Onkologe hat so eine zauberhafte Art, dass er einem das Gefühl gibt, wir schaffen das, das überträgt sich auf die Patienten, auch auf mich und so starteten wir Plan B, der auch wunderbar funktionierte, meine Werte wurden zusehends besser. Inzwischen hatte ich mich wieder gefangen und war auch schon gefühlt mitten in meiner Umschulung. Als Umschüler war ich in der Berufsschule mit Abstand die Älteste mit meinen 42 Jahren, auch älter als die meisten aus der Lehrerschaft, daher nahm ich mir gewisse Freiheiten und man verzieh mir diese. Im Vorfeld hatte ich bereits meine Lehrer zu einem Gespräch zusammengetrommelt und ihnen meine Lage erklärt, man zeigte sich verständnisvoll und legte mir auch keine Steine in den Weg, behandelte mich jedoch auch nicht bevorzugt, was ich auch überhaupt nicht wollte. Ich wollte normal behandelt werden, das war und ist mir bis heute immer wichtig gewesen.

Nach Ausbruch des Krebses beantragte ich einen Grad der Behinderung, als Krebspatient bekommt man dann für 5 Jahre einen Grad von 50 gewährt, damit stehen Betroffen 5 Tage mehr Urlaub, ein besonderer Kündigungsschutz und steuerliche Vergünstigungen zu. Als der Krebs nun wiederkam beantragte ich eine Erhöhung der Schwerbehinderung, denn als angehende Steuerfachangestellte wusste ich, dass ich damit noch mehr steuerliche Vergünstigungen erhalten konnte, man gewährte mir dann den Grad von 60, nachdem ich gegen die erste Ablehnung Widerspruch eingelegt hatte. Der Krebs war schließlich eine Belastung und ebenso raubten die vielen Termine bei allen möglichen Ärzten extrem viel Zeit. Während dessen zauberte mein Onkologe meine Werte in kürzester Zeit wieder in den Normalbereich und ich machte nebenbei meine Umschulung weiter.

Mit 19 Jahren hatte ich nach 13 Jahren Schule mein Abitur erfolgreich abgelegt.

Damals dachte ich, dass das Abitur die schwerste Prüfung meines Lebens sein würde. Weit gefehlt! Ich behaupte mal, dass ich ein überdurchschnittlicher intelligenter Mensch bin, mit einer raschen Auffassungsgabe und mit Ehrgeiz meine Ziele verfolgte. Die Ausbildung zur Steuerfachangestellten glaubte ich daher auch, schnell und einfach absolvieren zu können. Da wusste ich aber noch nicht, wie komplex das Steuerrecht und seine Umsetzung sein würde, ich tat mich ziemlich schwer. Nicht, dass ich nicht verstand, was gefragt war, es wollte mir aber einfach keinen Sinn ergeben. Zudem fehlte mir die körperliche Aktivität, ich merkte sehr rasch, dass ich kein richtiger Büromensch war. Mir lagen zwar Verwaltung und das Lösen von Problemen auf dem Papier, aber ich brauchte den Kontakt zu Menschen und eben Bewegung. Dennoch zog ich die Umschulung durch, und das sogar mit viel Spaß. Neben mir waren noch 2 weitere Umschüler in meiner Klasse und es stieg nach mir sogar noch eine weitere in meinem Betrieb ein. Innerhalb kürzester Zeit gab die erste dann aber auf und auch nicht viel später meine Kollegin, sie kamen mit dem Lehrstoff einfach nicht mit. Ich blieb aber verbissen

94

dran, aufgeben war keine Option! Was man anfängt, zieht man auch durch, war meine Devise. So blieben wir also noch 2 Umschüler. Wir waren grundverschieden und er 13 Jahre jünger als ich. Wir beide gaben unser bestes, lachten über fünfen und lachten noch mehr über Zweien und Einsen, wir nahmen alles mit Humor, spielten Bullshit-Bingo während des Unterrichtes und brachten die Lehrer zur Verzweiflung. Man hielt uns für verrückt, Steuerfachangestellter in 2 Jahren werden zu wollen, es war uns egal, wir zogen durch. Wir lernten viel zusammen, versagten zusammen und gewannen zusammen.

Wir schrieben mittlerweile März 2014, es war ein gutes halbes Jahr her seit dem Rezidiv, als ich wieder einen Knoten ertastete, dieses Mal noch höher, am Hals. Seltsamerweise erschreckte mich das nicht mehr so, wie die Male zuvor, ich hatte mich wohl damit abgefunden oder war abgeklärter. Meine Devise hieß: Aufgeben ist keine Option, niemals!!! Also ließ ich den Tumor wieder entfernen, wieder war er negativ, aber es kam noch schlimmer... Bei dem Eingriff wurde ein Nerv so schlimm verletzt, dass ich meinen rechten Arm nicht mehr richtig bewegen konnte. Der Arzt konnte nichts dafür, sowas kann in der Region passieren und es war passiert. Ich heulte, vor Wut, mein Traum, wieder im Fitnessbereich zu arbeiten wurde damit endgültig zunichte gemacht. Dennoch, es musste weitergehen! Dieses Mal kam Bestrahlung dran, das ist gar nicht so schlimm, wie viele glauben, ich merkte an sich nichts. Mein Onkologe stellte erneute meine Medikation um und ich ging zusätzlich zu einem Heilpraktiker. Ich hatte von ihm schon viel Gutes gehört, und er hatte seinerzeit einen Verwandten mit eben der gelobten Thymusextrakt-Therapie viele Jahre durch den Krebs bekommen. Bei dieser Therapie wird das Immunsystem gestärkt und der Krebs bekommt dadurch weniger Angriffsfläche. In Absprache mit meinem Onkologen zog ich das nebenbei auch noch durch, auf eigene Kosten, denn die Therapie wird zwar in Heidelberg an der Uniklinik regulär durchgeführt und dort auch von den Krankenkassen gezahlt, aber ich lebte nun mal nicht in Heidelberg. Der Spaß war nicht billig, aber besser teuer, als nicht zu kaufen, sagte ich mir und der Effekt war, dass ich mich tatsächlich insgesamt fitter fühlte. Es war wunderbar und der Heilpraktiker ein angenehmer Mann, der mein Vertrauen sofort gewann.

96

Es wurde also Sommer 2014 und ich war immer noch in der Umschulung, mit einem Chef, der mir allen Freiraum gab, den ich brauchte, um Krebs, Arbeit, Schule und mich selbst unter einen Hut zu bringen, dafür bin ich unendlich dankbar, denn das gab mir Mut und Kraft, alles zu schaffen.

Nun hatte ich bereits 2 Rezidive und stellte also den Antrag auf eine weitere Erhöhung meines Grades der Schwerbehinderung, der wieder im ersten Anlauf abgelehnt wurde, im Nachgang jedoch bewilligt worden war, ich erhielt den Grad von 100 und war geplättet... War ich doch schlimmer erkrankt? Oder lag es nur an meinem Gebocke? Ich denke eher zweiteres, denn er war ja auch "nur" für 5 Jahre gewährt worden, der Zeitraum, der als Heilungsbewährung gilt, also nahm ich das an und freute mich über vergünstigte Eintritte.

Mein Leben gewann wieder an Fahrt, die Umschulung lief für die Rahmenbedingungen an sich ganz gut, ich hatte mir ein sündhaft teures Kajak gekauft, da ich immer schon wasserbegeistert gewesen bin und in meiner Kindheit bereits als Kajake unterwegs gewesen war, aber ich wollte noch mehr vom Leben. Mein Traum war es immer gewesen, meinen Motorradführerschein zu machen und in Lederkluft durch die Gegend zu brausen, gern auf einer Ducati. Was ist da naheliegender, als sich im Oktober dafür anzumelden? Genau, total bescheuert. Aber ich tat es und es machte wahnsinnigen Spaß. Jeder Motorradfahrer weiß, wie frei man sich auf einer Maschine fühlt. Na gut, ich hatte immer die Fahrschulweste an und das Begleitfahrzeug hinter mir, dennoch war es ein unbeschreibliches Gefühl, endlich den Führerschein dafür zu machen, mit einem Fahrlehrer, der mit seinem Humor und seiner Engelsgeduld mich zu einer anständigen Fahrerin machte. Kurz vor der praktischen Prüfung im November kam aber der Frost und so musste ich also bis zum Frühjahr 2015 mit der Prüfung warten. Es machte aber nichts, ich hatte sowieso noch keine Maschine und im Frühjahr stand ja auch die Abschlussprüfung meiner Ausbildung an, da brauchte ich auch noch viel Zeit zum Lernen.

So ging der Winter dahin, der Jahreswechsel kam, den ich ordentlich feierte und die Monate bis zur Prüfung vergingen rasant. Lernen, lernen, lernen, soviel, wie ich für die Prüfung zur Steuerfachangestellten gelernt habe, habe ich weder für meine Abitur noch für meinen Fitnessfachwirt gelernt, aber ich wollte es schaffen, unbedingt, das Leben hatte doch noch viel mit mir vor!!!

Vor meiner Erkrankung hätte ich nie so deutlich gesagt, was ich für unsinnig empfand, ich wusste zwar immer schon ganz genau was ich wollte, aber ich mochte andere Menschen nicht verletzten. Damit war nun aber Schluss, ich lernte, NEIN zu sagen, und lehnte mich auch gegen "Vorgesetzte" verstärkt auf, wobei ich für mich einen Weg fand, dass dies niemanden bewusst verletzte oder beleidigte, ich war die Nette, aber auch Gemeine. Mit dieser Haltung bestritten mein Mitschüler und ich den Unterricht und ich verdanke ihm auch, dass ich letztendlich die Prüfung schaffte, wobei ich nicht ganz sicher bin, ob man mich vielleicht durchgewunken hatte, damit der Rebell nicht noch ein halbes Jahr dort die Lehrkörper mit seiner freundlichen Aufsässigkeit störte.

Die schriftliche Prüfung war im März 2015, ich ging relativ entspannt dorthin und wunderte mich, dass der Lehrer mir das zutraute, obwohl er doch im Vorfeld immer wieder betont hatte, dass Umschüler aufgrund der kürzeren Ausbildungszeit keine Chance hatten, er der drückte im Vorbeigehen meine Schulter und meinte "viel Glück, ich weiß, dass du das schaffen wirst". Ich brachte also mein Wissen auf Papier, beantwortete jede Frage und dachte mir, mal schauen, was das geworden ist. Ich bestand tatsächlich, wenn auch nur knapp, aber das ist hinterher auch egal, Hauptsache bestanden. Es folgte am 4. Mai 2015 die mündliche Prüfung, vor der hatte ich nun überhaupt keine Angst, denn ich kann sehr gut kommunizieren und mich auf Situationen blitzschnell umstellen, zudem habe ich eine große Empathie und lese gewissermaßen in den Gesichtern und Gedanken meiner Gegenüber. Dies schaffte ich also auch ganz gut. Ich fuhr direkt weiter und kam gerade noch rechtzeitig, um am gleichen Tag meine praktische Prüfung für den Motorradführerschein erfolgreich abzulegen. Ein erfolgreicher Tag!!!

Eine Woche später fuhr ich dann nach Berlin, denn neben der Umschulung, dem Motorradführerschein und natürlich weiterhin meiner onkologischen Therapie, hatte ich noch einen Fernlehrgang für rechtliche Betreuungen begonnen. Ich wollte die Zertifizierung zum rechtlichen Betreuer, um mich damit vielleicht selbständig machen zu können, Steuern waren mir leider doch etwas zu trocken. Ich war also eine Woche in Berlin und legte meine Prüfung zum rechtlichen Betreuer mit der Note 2 ab.

Es war nun ein ganzes Jahr vergangen, ohne dass ich weitere Rezidive hatte. In diesem Jahr hatte ich Vollgas gegeben in Bezug auf "Leben nachholen". Ich meinte, alles auf einmal machen zu müssen, da ich das Gefühl hatte, der Tod säße mir im Nacken, auch, wenn ich nach außen immer fröhlich durch die Welt lief, stets lachend und alles kleinredend. Ich kämpfte gegen den Krebs, aber auf gewisse Art auch gegen mich selbst. Dies tat ich schon seit meinem Abitur. Bis dahin führte ich ein eher ruhiges Leben, Partys und Shoppen waren nicht so meine Welt, ich war las lieber, war leidenschaftlicher Schwimmer im Verein, ging in die Oper oder ins Theater, spielte Klavier und Cello und war die andere Zeit draußen in der Natur, das war Silke. Es machte mir nichts aus, dass meine

Freundinnen bereits ihren ersten Freund hatten, ich hatte da wenig Interesse dran.

Nach dem Abitur hatte ich dann aber den Eindruck, ich würde den Anschluss verpassen, wenn ich mich von allem zurückzog, also startete ich durch und es begann ein Leben, das schon selbstzerstörerisch war. Beziehungen zerbrachen an meinem Egoismus, denn ich machte nur, was ich wollte, war nicht zu halten. Dabei habe ich leider sehr tolle Männer verletzt, was mir aber erst sehr viel später bewusst geworden ist, und was mir heute noch sehr leidtut. Es säumten viele Fehlentscheidungen meinen Lebensweg, aber ich machte weiter, unbeirrt und voller Optimismus stürmte ich voran, mit mehr oder weniger Erfolg, eine Jägerin, die ihr Ziel aber trotz aller Mühen nicht wirklich erreichte, so empfinde ich das im Nachhinein. Meine größte Leidenschaft war immer mein Sport gewesen, wobei ich mich nicht als sportlich bezeichnen würde, aber ich liebte Fitness (und tue es noch heute) und ging völlig in meinem Beruf auf, erst als Angestellte, später dann Freiberuflerin und danach folgte dann mein eigenes Studio. Im Grunde hatte ich nun meinen Traum verwirklicht, obwohl ich auch dort hart kämpfen musste, aber das war es mir wert und ich war unendlich traurig, als mein Mietvertrag auslief, ich keine anderen Räumlichkeiten mehr fand, und dann mein Studio aufgegeben hatte. Es zerriss mich, aber ich war nicht bereit, den Kopf in den Sand zu stecken, ich packte also meine Sachen und befand es für klug, einen Neuanfang an einem anderen Ort zu machen. Hier lernte ich dann meinen Hubert kennen und meine beste Freundin Thea. Alles hat also einen Sinn...

Ich lebte nun ein gut situiertes Leben, bewegte mich in noblen Kreisen, fand mich auch da bestens zurecht, aber ich war eben nicht glücklich. Mit meinem heutigen Wissen, denke ich, dass ich mich mit meinem Leben selbst in den Krebs gebracht hatte, ich hatte mich extrem verausgabt und ich sehe den Krebs als einen Warnschuss für mich. Dennoch fiel ich alle drei Male wieder in das alte Schema zurück, ich lebte, als ob es kein Morgen gäbe, ich schien unbelehrbar, egal, was mein bester Ratgeber mir auch sagte, ich tat das Gegenteil, wollte beweisen, dass ich nicht unterzukriegen sei. Das war auch der Grund, weswegen ich Ende 2014 / Anfang

2015 so viele Dinge auf einmal abhaken wollte.

Aber damit nicht genug, meinte ich, ich müsse nebenbei auch noch einen neuen passenden Partner kennenlernen, allein schon, um mir zu beweisen, dass ich, so wie ich nun aussah, immer noch attraktiv war. Ich lernte einige intelligente und attraktive Männer kennen, die auch ernsthaftes Interesse an mir bekundeten, doch ich war noch gar nicht so weit und es schwirrte nun auch immer wieder ein Mann durch meine Gedanken, den ich seit vielen Jahren liebte, aber der für mich unerreichbar war. Ich war ziemlich mit meiner Kraft am Ende, daher beschloss ich, nach allen Prüfungen, erneut eine Reha zu machen, um mich wieder zu sammeln und stellte einen Antrag bei der Rentenanstalt mit dem Wunsch, wieder in die gleiche Klinik wie beim ersten Mal gehen zu dürfen.

Selbstfindung

Während ich noch mitten in allen Prüfungen steckte, lernte ich meinen neuen Partner kennen. Ich traf ihn bei einem Bekannten, und nach anfänglichem Respekt vor ihm, war ich hin und weg, mit ihm wollte ich zusammenleben. Er hieß Cairo und war ein altdeutscher Schäferhund Rüde von stattlicher Größe. Cairo zog am gleichen Tag, dem 5. März 2015 bei mir ein. Ich hatte immer einen Hund gewollt und Cairo konnte bei seinem alten Herrchen nicht mehr bleiben, daher nahm ich ihn kurzerhand mit. Cairo war die beste Entscheidung meines Lebens. Er verstand mich wortlos, er gab mir Ruhe und strukturierte meinen Tagesablauf, ich konnte nicht mehr so frei agieren und schräge Entscheidungen treffen, ich hatte die Verantwortung für ihn.

Ich hatte keine Kinder bekommen können, was mir bis zum Zeitpunkt des Krebses auch nicht viel ausgemacht hatte. Mit der Diagnose stand dann fest, ich konnte meine Kinderlosigkeit nicht mehr selbst bestimmen, dies hatte mir der Krebs nun abgenommen, das war ein Schlag gewesen, denn ich hatte nun keinerlei Option mehr auf ein Kind. Ich weinte darüber im stillen

Kämmerlein, machte mir Selbstvorwürfe, die aber allesamt nichts brachten, es war nun so und ich musste es akzeptieren. Mit Cairo zog ein Wesen bei mir ein, das mich forderte und mich ablenkte, er fragte nicht, ob ich Lust und befindlich für einen Gang bin, er musste gehen und basta. Cairo brachte eine Ruhe in meine Leben, die ich lange vermisst hatte, die ich mir selbst aber die letzten Jahre nicht geben konnte. Mit dem Einzug von Cairo wurden meine Werte so gut, dass ich quasi als krebsfrei galt. Noch wichtiger war aber, Cairo zeigte mir, wer ich wirklich war. Innerhalb von 4 Wochen veränderte ich mich drastisch. Ich hatte unfassbar viel Zeit damit verbracht, mich unangepasst anzupassen, besonders für andere zu sein, ein kopierter Individualist, der Dingen hinterherjagte, die für ihn gar nicht wichtig waren. Dies alles hörte auf einen Schlag auf. Cairo war wichtig, alles andere war egal. Ich stromerte mit ihm durch die Wiesen, über die Deiche und an Stränden entlang. Nur er und ich, so, wie ich früher als Kind allein durch die Natur spazierte, dies entdeckend, Steine sammelnd, Insekten beobachtend. Cairo holte die wahre Silke wieder zum Vorschein, die Silke, die leise ist, Ruhe will und jeden Menschen mag, da sie stets an

106

das Gute glaubt. Ich fand mich selbst wieder, nachdem ich mich vor Jahren selbst verloren und verlaufen hatte.

Heute weiß ich, dass nichts wirklich so wichtig ist, wie wir glauben, es zählen nur die Menschen um einen herum, Freunde, von denen man im Grunde doch nicht sooo viele hat, und es zählt der Moment. Ich habe natürlich immer noch mal wieder Angst, dass der Krebs wieder ausbrechen könnte, aber die Angst ist jetzt nicht mehr so, wie am Anfang. Jetzt mache ich mir nur Sorgen, was dann aus meinem neuen Hund werden soll, wenn ich mal nicht mehr bin. Ich habe nach Cairo wieder einen alten Hund aufgenommen und mein Ziel ist es, auch diesen wieder zu überleben, wobei ich Vorsorge getroffen habe, sollte der Fall eintreten, mir passiert etwas. Ich habe keine Angst mehr vor dem Sterben, denn ich lebe meine Leben nun sehr zufrieden und bin glücklich mit einem Job, der mir Spaß macht, den kleinen Ärgernissen und Problemen des Alltags, die aber auch alle das Leben als Ganzes ausmachen. Materielle Dinge haben für mich den Wert fast gänzlich verloren, oder besser ausgedrückt, ich messe ihnen einen anderen Wert bei. Bis Cairo einzog fuhr ich schöne Wagen, es waren unter anderem ein Porsche dabei, ein Touareg, ein Oldtimer und mein Mini Clubman, den ich aktuell fuhr und den ich heiß und innig liebte. Ich verkaufte meine La Cherié, weil Cairo nicht genügend Platz im Kofferraum hatte, und fuhr fortan einen uralten Golf Kombi. Bis dahin ließ ich mich anhand meines Wagens messen und an vielen anderen materiellen Dingen, das aber war nun nicht mehr wichtig. Es ging um das gute Gefühl und ich gab immer mehr meiner früher "ach so kostbaren" Dinge weg, ich entrümpelte meine Wohnung und damit auch meinen Geist. Es fiel mit jedem verkauften und verschenkten Teil mehr und mehr Ballast von mir ab. Ich verkaufte sogar einige meiner Möbel und ersetze sie durch alte Schränke, die zum Teil noch Zuwendung meinerseits benötigten, damit sie wieder wohnungstauglich wurden. Nach zweieinhalb Jahren veränderte ich meine Einrichtung und erst damit fühlte ich mich zuhause. Meine Behausung verlor an Sterilität, auch bedingt durch die Pfotentappsen und Hundehaare, die sich überall breit machten. Ich sah das nicht mehr so eng, obwohl ich immer noch auf Ordnung und Sauberkeit poche, mein Hund lehrte mich, auch mal alle fünfe grade sein zu lassen. So entwickelte ich mich zurück dem Menschen, der ich doch immer war, ein Naturkind, das lieber in Gummistiefeln durch die Wiesen stapft, als im Kleidchen im Café sitzt. Ich liebte mich wieder, trotz aller Macken, die der Krebs hinterlassen hatte. Meine Haare wuchsen rasant, man sah mir nicht mehr an, dass ich krank war, und ich wollte auch nicht ständig wie ein rohes Ei behandelt werden. Cairo half mir dabei, dass ich schneller wieder zu mir selbst fand.

Freundin

Meinem Onkologen stattete ich nun schon regelmäßig seit über 2 Jahren meine Besuche ab, als ich eines Tages wieder einmal gemütlich in meinem Sessel dort saß, Schuhe aus und Füße hoch, so ließ es sich gut aushalten. Mir gegenüber saß eine junge Frau in meinem Alter, bei der Abfrage des Alters hörte ich, dass sie nur einen Monat älter war als ich. Nina war mit ihrem Mann dort, sie begann an dem Tag mit der Chemotherapie und schaute noch etwas unsicher. Es war mein Geburtstag und mein Onkologe kam lustig gelaunt in den Raum, gratulierte mir und machte seine Späße, ich fühle mich bis heute bei ihm in den allerbesten Händen. Nina und ihr Mann schauten immer wieder verstohlen zu mir herüber, ein paar Jahre später sagte mir ihr Mann, er habe mich anfangs für eine komische Person gehalten, weil ich mich so unbefangen dort bewegte.

Nina kam an den gleichen Tagen wie ich und bei dem dritten Mal unterhielten wir uns ein wenig, wir verstanden uns auf Anhieb bestens. Nina hatte Brustkrebs wie ich, aber mit einer sehr schlechten Prognose, ihre Erwartung stand nur bei 2-3 Monaten, das war uns aber egal, wir genossen unsere Gegenwart während der Therapie und so ergab es sich dann, dass wir im Anschluss gemeinsam einen Kaffee tranken. Wie selbstverständlich machten wir das nun jedes Mal, wir lachten und redeten über dies und das, nur nicht über den Krebs. Nicht einmal, als meinen zweiten Rückfall und Nina innerhalb kurzer Zeit ebenfalls zwei Rezidive erlitten hatte ließen wir uns den Humor nehmen. Wir hatten einen Pakt geschlossen, dass wir unter keinen Umständen den Kopf in den Sand stecken würden. Nina und ich waren wie Zwillinge geworden, wir verstanden uns blind und lachten über alles.

Wir wuchsen innerhalb kürzester Zeit sehr eng zusammen und ich freute mich jedes Mal schon auf sie, so wie sie auf mich. Der Krebs verband uns, machte uns zu Verbündeten, wir stärkten und gegenseitig den Rücken und machten uns Mut, wenn wieder einmal etwas nicht so war, wie es sein sollte. Aber das Wichtigste war, wir lachten sehr viel und hatten ein sehr herzliches Verhältnis, Nina wurde meine beste Freundin.

In den folgenden fünfeinhalb Jahren haben Nina und ich das Leben gefeiert, ich besuchte sie in der Reha, als sie ihre zweite in meiner Nähe machte, tanzte auf ihrer Silberhochzeit und wir verbrachten feuchtfröhliche Wochenenden bei mir, zwei Frauen, die sich durch den Krebs kennengelernt hatten und das Leben mit beiden Händen packten.

Es gab viele Aufs und Abs bei Nina, die Werte schwankten und tauchten an den unterschiedlichsten Organen Metastasen auf, aber wir taten, als wäre alles machbar, denn immerhin waren schon weitaus mehr als den prognostizierten Monaten vergangen und Nina war immer noch am Leben. Uns wurde eine Zeit geschenkt, die ich nicht mehr missen möchte. Nach fünfeinhalb Jahren wurde der Krebs dann aber übermächtig bei Nina und ich erschrak, als ich sie bei unserer letzten gemeinsamen Therapie traf. Ihr Mann war dabei, ich erkannte sie kaum, sie war nur noch ein Schatten ihrer selbst. Dennoch verbarg ich mein Entsetzen, machte ihr Mut und hielt sie in meinen Armen. Nina wollte trotz der Schmerzen nicht aufgeben, sie war voller Pläne, bewundernswert! Beim Abschied wusste ich jedoch, ich würde sie nicht wiedersehen, setzte aber gute Miene auf und wir umarmten uns ganz fest, beide wohlwissend, dass sich unsere Wege nun trennen. Auf dem Rückweg weinte ich hemmungslos, es durfte nicht sein, wir hatten es doch bislang so gut gemeistert. Nina war so ein feiner Mensch, das war nicht fair. Als die Nachricht von Ninas Mann kam, traf es mich sehr, ich weinte, hatte ich doch meinen Zwilling verloren, den Menschen, der mich am besten verstand und mit dem der Krebs erträglich wurde.

Meinen Vater verlor ich 21 Jahre zuvor an den Krebs und nun auch meine beste Freundin Nina. Die Beisetzung war schlimm für mich, ich spürte, wie meine Angst wieder Oberhand gewann, das merkten wohl auch die Angehörigen von Nina, die mich mit ihrer zauberhaften Art aufnahmen und mir Mut machten, obwohl sie selbst ihre Tochter, Frau und Mutter verloren hatten.

Ich vermisse Nina sehr und das erste Mal ohne sie beim Onkologen hatte mich viel Überwindung gekostet. Nina wurde mir durch den Krebs geschenkt, aber durch den Krebs auch wieder genommen mit gerade mal 48 Jahren. Sie wird mir für immer in Erinnerung bleiben und ich bewundere ihren Mut. Eine Freundschaft wie diese ist selten, ich hatte das Glück, in Nina die beste Freundin gefunden zu haben, sie hat mich mitgeprägt und wird in unseren Gedanken weiterleben.

Rehapause

Anfang 2015 hatte ich meine zweite Rehamaßnahme beantragt, kurze Zeit später zog Cairo bei mir ein. Mit Cairo hatte sich sehr viel für mich verändert, ich fand meine Ruhe und mich selbst wieder und vergaß darüber glattweg, dass ich die Reha beantragt hatte. Als dann der Bewilligungsbescheid mit der Post eintrudelte, überraschte mich das erst, aber ich war zugleich auch erfreut, dass ich tatsächlich wieder in die gleiche Rehaeinrichtung fahren durfte. Nur was sollte ich mit Cairo machen? Bei Antragstellung ergab sich das Problem seiner Unterbringung noch gar nicht für mich, damals lebte ich noch allein und frei, aber nun war ich alleinerziehende Hundemutter und trug die Verantwortung für meinen Burschen. Ich war hin und her gerissen, die Reha abzusagen, doch ich wusste auch, dass ich sie brauchte, obwohl ich durch meinen Hund bereits wieder auf einem guten Weg war. Es galt, einen Rehapflegeplatz für Cairo zu finden, der sich auch tatsächlich bei einem Bekannten gefunden hat. Nun stand meiner Reha nichts mehr im Wege, ich packte also meine

Sachen und darüber hinaus auch die von Cairo, mein alter Kombi war vollbeladen.

Wir fuhren früh morgens los und machten einen Umweg über Hannover, da ich erst noch Cairo bei seiner Pflegefamilie abgeben musste. Ich schaute während der Fahrt oft in den Rückspiegel, sah meinen großen haarigen Freund im Kofferraum sitzen und jedes Mal überkam mich ein Glücksgefühl. In Hannover angekommen blieb ich noch eine Weile, damit ich noch ein wenig Zeit mit Cairo hatte. Mir wurde langsam bewusst, dass ich die nächsten drei Wochen ohne ihn sein würde und es bildete sich ein Kloß im Hals. Cairo benahm sich vorbildlich, wurde liebevoll aufgenommen und ich beschloss nach einer Stunde, loszufahren. Es fiel mir sehr schwer, mich von Cairo zu trennen, ich konnte meine Tränen aber bis zum Wagen unterdrücken, fuhr los und weinte. Ich wusste, er hatte es gut, und es war doch auch nur für drei Wochen, aber der Platz im Kofferraum war nun leer und ich vermisste meinen selbsternannten Therapeuten. Das Herz wollte zurück, der Verstand sagte aber, ich musste das nun durchziehen wie geplant.

Ich fuhr wieder den Hügel zur Klinik hinauf, es war trotz des Vermissens meines Hundes wunderbar, ich freute mich auf eine gute Zeit und hoffte, dass die Anlage noch genauso schön war, wie ich sie in Erinnerung hatte, es waren nun ziemlich genau 2 Jahre her, seit ich das erste Mal da gewesen war. Nach der letzten Kurve stand sie wieder vor mir, groß und herrlich in den Fuß des Wiehengebirges eingebettet, die Klinik empfing mich in voller Schönheit. Als Wiederholungstäter wusste ich nun, was mir gleich bevorstand, ich parkte also direkt auf dem großen Parkplatz, holte mir einen Gepäckwagen und entlud mein Auto. Mit all meinem Gepäck betrat ich dann die Klinik. In der Empfangshalle verharrte ich kurz, schaute mich um und fühlte mich, als wäre ich nach Hause gekommen. Es war ein tolles Gefühl, wieder da zu sein. Um mich herum alles Gleichgesinnte, diese unterschwellige Zusammengehörigkeit zog mich sofort wieder in seinen Bann und ich spürte, wie ich den Stress der letzten Monate wie eine Jacke ablegte. An der Rezeption checkte ich ein, wartete wieder mit einem Kaffee darauf, dass man mir mein Zimmer zuwies und sondierte die Menschen. Es herrschte wieder geschäftiges Treiben, die einen waren auf

117

dem Weg zur Anwendung oder einem Vortrag, die andern unterhielten sich lachend, weitere saßen da und lasen, die Klinik hatte nichts an ihrem Hotelflair verloren. Es warteten viele auf die Zuweisung ihres Zimmers, daher bot ich an, dass man mir nur die grobe Richtung weisen solle, ich würde mich aus der Vergangenheit heraus noch auskennen und begäbe mich dann allein aufs Zimmer. Die Schwester nahm mein Angebot dankbar an und gab mir meinen Schlüssel. Mit meinem Gepäckwagen steuerte ich den Fahrstuhl an, für die Treppen waren es doch zu viele Taschen.

Im Foyer lief ein Mann meines Alters mehrmals hin und her, etwas suchend, hatte mir zugelächelt und war dann weitergegangen. Vor dem Fahrstuhl wartend lief er erneut an mir vorbei, wartete kurz und stieg dann mit mir in den Fahrstuhl ein. Wir wechselten ein paar Worte und ich machte mich auf die Suche nach meinem Zimmer, dieses Mal war ich im Altbau untergebracht. Das Zimmer lag am Ende des Ganges, es war kleiner als beim letzten Mal, aber mit einem Balkon, der mir den Blick auf das Wiehengebirge bot, ein kleines Bad, das sauber und ausreichend war, sehr schön. Ich packte in Ruhe aus, machte mich auf den Weg zur medizinischen Aufnahme und kam dort wieder mit anderen Rehapatienten ins Gespräch. Krebspatienten gehen in der Regel sehr unkompliziert miteinander um, eine entspannte Normalität, die gut tat.

Von meinem ersten Aufenthalt dort wusste ich, dass ich mitentscheiden konnte, was ich an Anwendungen in meinem Plan finden wollte. Im Vorfeld hatte ich mir schon überlegt, dass ich gern viel draußen in der Natur unternehmen wollte. Mit meinen Anwendungswünschen betrat ich das Zimmer meiner zugewiesenen Ärztin. Die Dame war älteren Jahrgangs und war mit meiner offensiven Art augenscheinlich ein wenig überfordert. Von Anfang an übernahm ich die Regie unserer Unterhaltung und steuerte schnell auf das Thema Anwendungen zu und wie ich es mir wünschte konnte ich meinen Plan quasi selbst zusammenstellen. Die Erfahrungen aus meiner vorherigen Zeit in der Klinik zwei Jahre zuvor waren mir dabei von Vorteil. Ich wollte Erholung, Stress abbauen und Kraft tanken. Dies beabsichtigte ich mit Wanderungen um Wiehengebirge, Massagen und schwimmen zu erzielen. Die

Ärztin ließ mich gewähren, ich brauchte weder zeitaufwändige, wenn auch informative, Vorträge besuchen, da ich diese bereits bei meiner letzten Reha alle brav besucht hatte, noch musste ich von Anwendung zu Anwendung hetzen, ich hatte maximal zwei feste Anwendungen pro Tag, Massagen und Sport, ansonsten bewegte ich mich völlig frei und ich genoss meine täglichen Wanderungen und Ruhemomente. Zweimal wanderte ich von der Klinik aus durch das Wiehengebirge zum Kaiser Wilhelm Denkmal, der oberhalb von Porta Westfalica seinen Gruß ausführte. Ganz allein wanderte ich mit einem Rucksack und extra für diesen Zweck gekauften Wanderschuhen durch den Wald, sog die frische Waldluft auf und machte Aufnahmen vom wunderbaren Ausblick. Zu den Mahlzeiten kam ich immer wieder zurück, staunte jedes Mal, wie hektisch meine Tischnachbarn von Anwendung zu Vortrag und zurück hetzten, während ich mich entspannte.

Wie auch schon bei meinem ersten Aufenthalt in der Klinik, saß ich auch dieses Mal wieder an Tisch 19, an dem auch der Mann, den ich am ersten Tag traf, saß, er hieß Jochen. Jochen lief mir am ersten Tag gleich noch mehrfach über den Weg und suchte immer wieder den Kontakt zu mir. Am ersten Abend ging ich recht früh auf mein Zimmer, denn ich wollte noch mit der Pflegefamilie telefonieren, ob es meinem Hund gut ginge. Nachdem das erledigt war, schaltete ich den Fernseher ein und wollte den Abend in Ruhe ausklingen lassen, als mein Zimmeranschluss klingelte. Ich war irritiert, hatte ich doch keinen Zimmeranschluss beantragt, es konnte also nur das Hauspersonal sein. Ich nahm also ab und war etwas verwirrt, als Jochen am anderen Ende war. Er hatte meine Zimmernummer ausfindig gemacht und intern konnten die Patienten auch ohne Anmeldung des Anschlusses telefonieren. Ich musste innerlich schmunzeln, wieviel Mühe Jochen sich machte, er wollte gern mit mir ein Bier trinken und so verabredeten wir uns in einem der kleinen Aufenthaltsräume, aus meinem gemütlichen Abend wurde nichts. Aber ich empfand seine Bemühungen um Kontaktaufnahme so niedlich, dass ich nun in meinem Sportdress zu dem vereinbarten Treffen marschierte.

Wir verbrachten einen witzigen Abend zusammen und von da an traf man uns nur noch gemeinsam an. Besorgungen in der Stadt, Ausflüge, Kaffee am Nachmittag in der Sonne, Jochen und ich machten alles zusammen. Wir stritten am Tisch und lachten über die Mutmaßungen der anderen Tischnachbarn, was das mit uns sei. Innerhalb von drei Tagen hatte sich eine Art Beziehung zwischen uns entwickelt, von der wir wussten, dass diese nur in der Zeit des Rehaaufenthalts Bestand hatte, da wir, trotz dem wir beide Single waren, in völlig verschiedenen Regionen Deutschlands wohnten und keiner von uns seinen Standort wechseln wollte, aber das tat unserer Beziehung keinen Abbruch. Jochen und ich hatten beide mit dem Krebs ein Problem mit dem anderen Geschlecht, da wir beide uns nicht mehr als ganze Menschen sahen, zum einen waren es die Narben und zum anderen die Kollateralschäden, die nach den Therapien zurückgeblieben waren. Umso mehr genossen wir unsere gegenseitige Aufmerksamkeit und entdeckten uns als Mann und Frau wieder. Ich blühte förmlich auf, konnte mich nun auch zum ersten Mal seit den OPs bewusst im Spiegel ansehen und befand mich wieder als anschauliche Frau.

Jochen war sehr attraktiv und hatte viele Verehrerinnen, auch an unserem Tisch, aber er hatte mich vom ersten Moment an auserwählt und auch er hatte mich auf den ersten Blick fasziniert, dennoch nahm ich mir auch meine Freiheiten, allein mit anderen etwas zu unternehmen.

An unserem Tisch wechselten regelmäßig durch An- und Abreisen die Nachbarn, mit allen hatte ich viel Spaß und wir machten stets die Veranstaltungen am Dienstag alle zusammen mit, Kochen, Grillen, Bowlen, Tisch 19 kam immer in voller Besetzung mit 12 Leuten. Auch während des Essens standen von den anderen Tischen noch Patienten von anderen Tischen bei uns, Tisch 19 hatte eine magische Anziehung auf andere und wir nahmen alle, egal wie alt, in unsere Gemeinschaft mit auf. Einen so starken Zusammenhalt wie ich ihn dort erlebte, habe ich vorher und auch hinterher nicht wiedergefunden, wir teilten alle den Krebs, dieser war eine Last, in der Tat, aber er machte uns zu einer anderen Spezies, die von anderen oft nicht verstanden wird. Jede Krankheit belastet die Betroffenen, und unter seinesgleichen zu sein, befreit für einen Moment, man braucht nicht zu erklären, weil die anderen wissen, was man fühlt, und keiner, egal, wie schlimm der Krebs auch sein mag, betitelt andere als "totgeweiht". Wir sprachen offen über unsere Krankheit und es tat gut, einfach mal loslassen zu dürfen.

Nach einer Woche reiste ein neuer Sitznachbar an, etwas jünger als ich und eher zurückhaltend. Er beobachtete mehr als dass er sich einbrachte, war dabei aber immer freundlich und nach einiger Zeit lachte er dann auch mit uns. Eines Abends schaute er mich an, nachdem ich mit etwas Verspätung zum Essen dazukam. Ich fragte ihn, was los sei und er grinste und schüttelte den Kopf "es ist erstaunlich" sagte er, "hier sind hunderte von Menschen im Speisesaal, alle rennen durcheinander und sind hektisch am Buffet, aber kaum betrittst du den Saal, tritt eine entspannte Ruhe ein". Ich lachte "Blödsinn, ich mache ja nichts, ich kenne die meisten Leute ja nicht einmal". "Doch", gab er zurück, "das beobachte ich schon seit ein paar Tagen, sobald du irgendwo reinkommst, sind alle zufrieden. Ohne dich den Saal betreten zu sehen, weiß ich, dass du ihn gerade betreten hast. Du strahlst etwas aus, das die Menschen in ihren Bann zieht. Du hast Charisma, weißt es aber nicht". Ich saß mit offenem Mund da und starrte ihn an. "Nein, ich bin einfach nur ich", sagte ich dann nach kurzem Überlegen. "Genau das ist es wohl, du bist authentisch und immer positiv, du nimmst dich nicht so wichtig, das mögen die Menschen". Ich aß langsam weiter, dachte über seine Worte nach, schaute mich um und sah überall lächelnde Gesichter, einige grüßten mich auch auf Entfernung. Nein, Blödsinn, ich tat es ab, musste aber noch lange daran denken und einige Monate später hat jemand an anderer Stelle etwas ähnliches zu mir gesagt. Ich war jetzt 44 Jahre alt, dachte immer, ich hätte nicht viel vorzuweisen, da ich nicht dem Gardemaß der Gesellschaft entsprach und musste doch erkennen, dass ich sehr viel mehr konnte und hatte als andere, menschlich betrachtet.

Jochen und ich gingen an unserem letzten Abend gemeinsam auswärts essen, unser Abschied war traurig, obwohl von vornherein klar, war, dass wir nach der Reha wieder getrennter Wege gehen. Ich war ihm sehr dankbar, dass er mir das Gefühl gegeben hatte, immer noch eine Frau zu sein und auch für unsere tiefgreifenden Gespräche. Ohne den Krebs hätte ich ihn vermutlich nie getroffen. Wieder hatte der

Krebs etwas Positives in meine Leben gebracht.

Nach der Reha fuhr ich wieder bestärkt nach Hause, ich nahm noch mehr positive und stärkere Eindrücke mit als bei der ersten. Ich war bereit, mein Leben zu ändern, mehr ich selbst zu sein, Dingen andere Werte beizumessen. Ich erkannte auch, dass meine Kraft durch die Chemo, die ganzen OPs und die Lähmung des Schulterblattes begrenzt war, also entschloss ich, dass ich ab sofort eine Stelle in Teilzeit annahm und eine Erwerbsminderungsrente beantragte, die auch sofort bewilligt wurde. Die Gutachterin der Rentenversicherungsanstalt war erstaunt, dass ich überhaupt noch arbeiten wollte bei der Diagnose und den Kollateralschäden, für mich war Arbeit aber immer wichtig, und so arbeite ich seither weniger, beziehe eine kleine Erwerbsminderungsrente und schaffe es auf die Weise, meine ganzen Arzttermine wahrnehmen zu können und Kraft in meinem Garten zu tanken. Es war eine schwere Entscheidung gewesen, da dies für mich finanziell ein großer Einschnitt war, aber es war richtig und gut so. Zeit ist das wichtigste Gut, wenn man krank ist...

Selbsterkenntnis

Die Diagnose Krebs ist ohne Frage für jeden Betroffenen ein Schock, ebenso wie für die Angehörigen und Freunde. Aber man kann an seinem Krebs auch wachsen.

Das ganze Leben ist ein Prozess, den jeder von Geburt an durchläuft. Wir kommen alle mit einem eigenen Charakter auf die Welt, den wir im Laufe unseres Lebens formen und formen lassen. Als Kind haben wir Träume und sehen das Leben noch als Abenteuer. Je älter wir werden, desto weniger träumen wir, sondern passen uns den Gegebenheiten, dem Umfeld und auch den gesellschaftlichen Ansprüchen an, alles aus dem Wunsch heraus, bestmöglich zu leben. Auch ich habe dies getan und mit mir machen lassen, und das mit Erfolgen, aber auch Misserfolgen. Ich lernte sowohl aus dem einen als auch aus dem anderen und schritt in meinem Lebensprozess auf diese Weise weiter fort, wobei ich die Träume meiner Kindheit im Laufe der Jahre immer weiter verdrängte und mich insoweit veränderte, dass ich auf einer Art Gleis fuhr, bei dem es keine Abzweigung mehr gab. Unterschwellig wusste ich, dass ich dieses Leben so nicht führen wollte, aber mir fehlten Zeit, Mut und Einsicht, eine drastische Veränderung herbeizuführen.

Meine Krebserkrankung war wie eine Notbremse, mein Leben blieb für einen Moment völlig stehen. Nachdem ich das Gefühlsbad des Schocks, der Angst, der Wut, der Hoffnung, des Aufbäumens und der Verzweiflung durchlebt hatte, nahm ich den Krebs als Teil von mir an, ich versuchte den Feind zum Freund zu machen, um zu verstehen, was mit mir passierte. Ich war nicht bereit zu sterben, noch nicht!, ich fing an, mit aller Kraft gegen den Krebs zu kämpfen, auch auf die Gefahr hin, dass ich es nicht schaffen würde, ich wollte mich definitiv nicht kampflos ergeben. Nun war mein "Vorteil", dass mein Leben immer konfus gewesen war und ich daher "Kummer gewohnt" war, also auch gewohnt, mich durchzubeißen. Mein schwarzer Humor und Sarkasmus wurden fortan zu meiner Waffe, wenn andere mich mit Mitleid überhäuften oder mir "seltsame Dinge" sagten, ich wurde offensiv wehrhaft mit einer spitzen Zunge, um mich selbst zu schützen, denn ich wollte nicht, dass irgendjemand sah, was ich durchmachte, es war mein Kampf und ich wollte das allein mit mir ausmachen. Früher hatte ich mir vieles gefallen lassen, da ich es gern harmonisch hatte, aber nun setzte ich mich mehr zu wehr, ich habe nur diese eine Leben und das wollte ich nun optimaler für mich gestalten.

Den Krebs bezwang ich mit Humor und Trotz und mit eben diesen Eigenschaften lebe ich nun seit 9 Jahren mit dem Krebs. Mit jedem Rückfall und jeder Infusion wuchs ich an ihm. Ich hörte wieder auf meine innere Stimme, holte die Träume aus meiner Kindheit wieder hervor und bin dankbar für jeden einzelnen Tag, den ich dem Krebs abgerungen habe. Mir kann keiner sagen, wie lange es noch gutgeht, aber das ist auch nicht wichtig. Ich befinde mich mit dem Krebs in einem Prozess innerhalb des großen Lebensprozesses und es ist großartig, sich nicht mehr nur von außen steuern zu lassen, sondern meinen eigenen Prozess selbst zu steuern und wieder das Individuum zu sein, das ich schon immer wahr. Ich reflektiere mich nun besser, achte mehr auf mich, lebe intensiver mit weniger, aber dafür fabelhaften Menschen um mich herum. Mein Leben ist auch ohne materiellen Reichtum unfassbar reich und allein schon, um das zu erkennen, war der Krebs wichtig für mich. In der Zeit vom 24. Oktober 2011 bis Ende 2015 lernte ich extrem viel über mich selbst und wurde zu dem Menschen, der ich im Grunde immer gewesen war, den ich aber viele Jahre unterdrückt hatte. Ich wurde erst mit dem Krebs glücklich und zufrieden und zu dem freien Menschen, der ich immer sein wollte.

2020

Mit nun 48 Jahren habe ich etwas an Ruhe gewonnen, eine Ruhe, die ich ohne den Krebs vermutlich nicht gefunden hätte. Ich bin alleinerziehende Hundemutter und habe vor einem Jahr das Haus gekauft, in dem ich seit meiner Rückkehr in meine Heimat wohne, ich wurde zu einem sesshaften Spießer und es gefällt mir. Vieles, das mir vor dem Krebs wichtig war, ist es nicht mehr, ich bin wieder zu dem Naturkind geworden, das ich doch immer gewesen war. Mein Gärtchen ist meine Oase geworden, ich schätze die einfachen Dinge des Lebens und bin meinen Freunden dankbar, dass sie für mich da sind, mich aber nicht wie ein rohes Ei behandeln.

ABER: es gibt doch noch diesen einen großen Traum, den ich schon seit meiner Kindheit habe... Einen kleinen Bauernhof betreiben, mit Schafen, Hühnern, Wachteln und Hunden. Bei dem Gedanken muss ich immer lächeln und ich stelle es mir so fest vor, dass es fast schon Realität für mich ist. Leider fehlt mir das nötige Kleingeld, um es zu realisieren, aber ich gebe auch diesen Traum nicht auf, denn aufgeben war für mich noch nie eine Option.

Der Krebs hat mir zwar viel genommen, aber er hat mir doppelt zurückgegeben. Ich lebe und ich liebe das Leben, mit all seinen Facetten und Überraschungen und ich werde weiter Teil eines Prozesses sein, der mich auch in Zukunft verrückte Sachen machen lässt, bei denen ich aber jetzt mehr auf mich und meine Bedürfnisse hören werde.

Es ist nicht wichtig, wie lange man lebt, sondern, dass man seine Zeit nutzt und das Leben auf seine eigene Art und Weise genießt.